团队痛点
构建高效协作的十大关键

LEADING
TEAMS
10 Challenges & 10 Solutions

［英］
曼迪·弗林特
Mandy Flint

伊丽莎白·温贝格·赫恩
Elisabet Vinberg Hearn
著

苑东明 译

中国人民大学出版社
·北京·

对本书的赞誉

本书读起来愉快，理解起来容易，用起来顺手。对团队成员或者领导者来说，是一本必读书。

——戴比·福格尔-莫尼森（Debbie Fogel-Monnissen）

万事达卡执行副总裁、国际营销财务官

书中满满都是实用的商业建议，清晰易懂，其中的制胜策略和可靠方案让我很受益。

——芭芭拉·拉奇（Barbara Large）

温彻斯特大学荣誉院士，汉普郡作协主席

领导力与有效的沟通紧密相关。在日常工作场合，应该说什么、怎么说，本书可算是现成的速查手册。

——桑贾伊·古普塔（Sanjay Gupta）

印度 EHI 公司 CEO

我对这本书描写的一些场景很熟悉，本书不但提供了解决相关问题的工具，而且有助于我理解这些问题是如何产生的。

——简·尼尔-史密斯（Jane Neal-Smith）
伦敦城市大学管理学院院长

曼迪和伊丽莎白是才华横溢的导师，也是帮助我打造成功团队的重要推手。阅读本书，可以学到建设强有力团队的高效方法。

——约翰·W. 特纳（John W. Turner）
TriNet 公司高级副总裁

本书讨论的一些令人困扰的情况，触及最佳团队行为核心，并且在实践中确有可能发生。作者对此进行了深入探讨，给出的建议也体现了真正的专家水准。

——雅姬·阿诺尔德（Jackie Arnold）
国际教练联合会（ICF）执行教练、沉浸式教练主管

如果你读过本书，你就会认识到，你应该毫不吝啬地把时间用在那些战略性的、至关重要的事情上，直到把领导团队和完成工作完全结合起来。通过阅读本书，领导者能够获得事关团队成功的有价值的洞见。

——尼尔·沃特金斯（Neal Watkins）
BAE 公司首席产品官、执行董事

对本书的赞誉

本书的确非同凡响。它不是常见的热门管理书籍，书中有真正解决问题的工具，这是一本参考性极强的操作手册。我很喜欢本书这种风格。它所提出的方案都可以落实到行为层面，只要按部就班地实施就能解决问题，因此这些方案是有生命力的。本书中作为例子提出的那些问题，都切中要害。为了打造一个负责、高效的团队，我和我的团队成员付出了许多努力，有了这本书的帮助，我们就能够继续依靠自己的力量提升团队。本书出版以后，我们的团队要人手一册。

——哈肯·尼贝里（Haken Nyberg）

斯德哥尔摩 Nordnet 银行首席执行官

如果你正在寻找一本如何提高团队绩效的实操指南，看这本书就对了。许多关于领导力和团队建设的书都是理论性的，本书不但提供了透彻的原则，还提供了丰富的帮助性建议和实操步骤，能够指导你增强团队活力、提高团队效能。本书中的建议和方案，可用于小团队，也适合大型的国际化团队。

——克里斯滕·霍尔登（Kristen Holden）

资深金融业务主管

从第一章开始，我就被这本书吸引住了。全书十章都是用真实又实用的案例来指导如何领导团队，通过案例中人物的遭遇，巧妙地描述了领导者日常会遇到的各种紧张局面。这是一本大师级的管理图书。

——林恩·希尔（Lynn Hill）

NHS 信托医院

本书提供的是构建团队领导力的积极进取之法，天才之处在于，其中的一些解决方案看起来十分简单，却有着巨大的指导作用。本书可谓既吸引人又有用。

——克里斯蒂娜·许特（Christina Skytt）
畅销书作家、斯德哥尔摩能力目标学院执行团队教练

如果你想成为优秀的领导者，那你应该读这本书。它给你提供的建议简单却强有力，能够帮助你带领团队走向卓越。

——维奈·帕马（Vinay Parmar）
Get Vinspired 公司顾问

序

感谢阅读本书！在打造团队领导力方面，你已经走出了积极的一步。

作为一名领导者，你有两个选择。

你可以采取主动的或者是被动的态度。被动的态度是观望式、反应式的——期望团队能够在你没有给予特别帮助和干预的情况下很好地运转。这样的态度很难奏效，因此我们坚定地推荐你采取主动的态度。这样你才能掌控局面，并做出有助于创建良好团队氛围和环境的决策，保障团队获得成功。这就是本书的主旨——创建成功的团队。针对你在领导团队中可能遇到的那些具有普遍性的问题，本书将会提供一些有针对性的解决方案。

在过去的20年里，我们曾经与全世界200多个团队有过合作，执掌我们自己的团队也已经有25年之久。在这本书中，我们

团队痛点
构建高效协作的十大关键

把在各类团队中最常见的 10 个问题汇总起来加以研究，这些问题如若不能很好地解决，就会阻碍团队取得持续的成功。在我们合作写作本书的同时，我们自己也始终在实践着团队建设这一课题。我们两人不断切磋，发现当我们的观点相互碰撞，就能引出新的观点，一起合作远比各自孤军奋战所取得的成果更为丰硕。

每个人都很忙，我们对此深有体会。手忙脚乱甚至头昏脑涨是职场的常见病，也成了人们无法妥善解决问题和应对挑战的借口。然而，忙得团团转并非取得良好成果的正途。因此，请你体谅一下自己，停止忙碌，讨论一下为什么这么忙。先在搞好团队上下功夫，你才能事半功倍。

本书的目标是帮助你和你的团队解决可能遇到的具体挑战。你可以把它作为一本速查手册，当在实际工作中遇到具体问题时，可以按图索骥，直接在相关章节找到答案。当然，如果你想要全面打造团队，提高效能，你就应该通读本书。

本书的每一章都会探讨团队成员的问题、想法和感受，并提出解决方案和行为建议。书中还有供自我测评和反思的问题，能帮助你更有针对性地思考团队存在的问题。

有些方案可能看起来"太简单"，但你可别犯糊涂；有时候是我们想得太复杂了，觉得一定有"比这更精妙的招式"，因而轻视了这些简单实用的方案。我们建议你关注这些简单有效、经过实际验证的方案并加以落实。如果你能这样做，你的团队一定会发生很大变化。

当你开始阅读本书，你会发现某些问题及其解决方案，与其他问题及其方案存在交叉联系。这是很自然的事情。团队处于动态变化中，当你就团队效能的某一方面采取措施，其他方面也会产生积极的连锁反应。这也意味着，即使你只是面临其中某个问题，除非你把它解决好，否则它会引发其他问题。

团队是处于动态变化中的，因此需要持续的建设。那些最成功的团队会经常自我检视，不断进行自我调整。

那些能支持团队走到今天的东西，未必能够支持我们走到明天，走向未来。

如果你想实现真正的持久的变化，一定要特别关注团队成员的行为。我们的行为方式会对他人产生影响，产生涟漪效应。只有当我们改变了日常的行为方式，才能真正实现组织的转型变革。

本书对组织的各个层级都适用。无论你是CEO、中层经理、新任领导者，还是普通成员，本书都能给你提供实用的指导。

总之，阅读本书，切莫止步于读！

只有在实践中运用本书提供的解决方案，它的价值才能真正显现出来。

阅读和思考都难以真正奏效，你必须付诸行动。

即使只是团队中的普通一员，只要你能力行图变，也能干出样子，并引来众人仿效。请记住，即使你做的事情不大而且简单，也可能产生很大影响。

当你开始应用这些解决方案，你正在练就的团建技能就是可迁移的，对你未来领导其他团队一样适用。

希望你的团队取得更大成功。

目　录

第一章	如何建立信任	1
第二章	如何化解冲突和紧张	25
第三章	如何鼓励团队成员分享信息	49
第四章	如何提升敬业度	69
第五章	如何创建开放透明的团队氛围	91
第六章	如何鼓励长期思维	111
第七章	如何塑造团队美誉度	133
第八章	如何提高团队管理变革的有效性	153
第九章	如何打造通力协作的团队精神	175
第十章	如何让团队成员朝同一方向前进	197
附录 A	概要回顾	219
附录 B	团队研讨会工具箱	225

第一章
如何建立信任

- 建立默契和信任
- 鼓励开放和坦诚
- 促进协作

我们或者是团队,或者不是。你或者信任我,或者不信任。

——阿利·卡特(Ally Carter)

自我测评

在阅读本章内容之前,请完成下面的快速自我测评。对团队的以下各项指标你如何评价?

指标	1 很差	2 差	3 一般	4 好	5 卓越
开放性					
信任程度					
坦诚					
尊重					
互动					

有名无实的团队

会议还没开始,14个人围坐在桌边,不是在看手机,就是在看笔记本电脑。有的人在敲键盘,有的人头上戴着耳机,把自己与身边的环境分隔开来。只有两人在小声说话,其他人之间没有什么互动。

这些人正在等他们的领导大卫露面。他召集大家到这里来开月度会议。这些人都为一家法国建筑公司工作,工作地点分布在欧洲各地。他们这个团队在3个月前正式成立,大家已经在几个场合见过面,但到目前为止,除了其中寥寥几人彼此熟悉,大部分人互相之间根本谈不上了解。他们的平均年龄在40岁左右,都有着丰富的企业工作经验。这意味着他们完全有条件成为一个非常成功的团队。

团队痛点
构建高效协作的十大关键

门"砰"的一声开了,开门的力道很猛。屋内的人都把头转过去,是他们的领导大卫大步流星地走进来,他一边摘下头上的耳机,一边生硬地为交谈画上句号:"不能聊了。我要开会了,回头再说。"

他的突然出现吸引了众人的目光,但大家很快又恢复到先前的状态。

"OK,让我们开始吧。我们有许多事情要干,时间很紧。"大卫飞快地把会议议程说了一遍,内容实在是太多了,每个人都痛苦地意识到,会议任务根本难以全部完成。但每个人都点头称是,因为没有哪个人敢说出自己的真实想法。

没人交头接耳,这意味着大卫可以开门见山,直奔主题。他也根本没有请大家先说上几句。大卫在屋里转来转去,要求每位与会人员介绍最新进展。会议基本上变成了大卫与每个人之间的两两对话,其他人都无份参与。当大卫与其中一人交谈时,其他13个人就变成了不情不愿的听众,其中一些人仍然没放下手机,只不过拿到了桌子下面。

"我为什么非得在这里待着?这完全是浪费时间。我还有那么多工作要做。也不知道我的团队现在干得怎么样了,我应该和他们在一起才是。要到这个周末才能休息啊,我真是急不可耐了。真要到3个小时之后才吃饭?唉,又来了,又是一段烦人的汇报!"

以上就是这些与会者心中的想法。

大卫还是在按会议流程往下走,听取每位与会者的汇报,提出一些问题，然后换下一位，从不鼓励大家互动交流。

弗雷德正在汇报，他提到位于德国的制造厂有几个生产计分卡上的关键指标正在提升中。这引起了乔恩的关注。虽然乔恩对大家的汇报漠不关心，但还是有些信息进了耳中，他一下就听出弗雷德没说实话。前几个星期，乔恩就在这家厂子里，知道这些指标其实并未改进。他甚至还参加过这方面的讨论会。乔恩感到很不舒服，但还是想尽量把自己的感受隐藏起来。他对弗雷德不了解，甚至对大卫以及其他人都不了解。他觉得自己不能把这个问题抛出来。他问自己，弗雷德为什么不愿意把事情与大家分享呢？想必有他的道理，他想。但是因为不了解弗雷德，更谈不上信任，他决定对此保持沉默，并且在心里提醒自己，在团队里一定要谨言慎行，不要行差踏错。

/问题分析/

在上面的例子中，这些人只是在形式上属于一个团队，实际上并非真正的团队。他们彼此之间缺乏互动，只是聚在一起的一群陌生人，而不是一个有效的团队。

这个团队在做法和行为表现上明显存在很多问题。这些问题在许多团队中也都有所体现。

互动

团队成员之间没有自然、随意的交流,虽然大家都待在一间屋子里,但只有两个人在交谈。

彼此之间没有眼神接触,都埋头于手机或者电脑。没有眼神接触,就不会有真正的沟通交流。

大家都在忙自己的,读电子邮件、看手机——这些都是人们在坐满陌生人的火车车厢里爱干的事情。

尊重

当汇报开始以后,他们彼此之间不感兴趣,也谈不上互相尊重,对别人汇报的工作进展也不感兴趣。他们的注意力没在别人的汇报上,而是放在藏于桌下的手机上。你可能会认为,如果大家都这么做,那彼此也谈不上伤害到了对方,但问题是,即便如此,如果别人对自己不闻不问的话,绝大多数人还是会感觉到自己不被尊重。

领导者进屋时受到了团队成员的冷落,但他没有注意到。对屋内正在发生的状况,他并没有正确的认识。

领导行为

领导者迟到了,但他并没向大家道歉,也没做解释。他似乎没意识到,久等会让大家不开心。此外,他没有拿出时间与大家联络感情,大家对他的行为也就更难以谅解。

大卫的会议议程完全是以自我为中心的，没有考虑过整个团队。他在设定议程的时候，没有为他人着想，也没有听取他人的意见。这让大家觉得自己就是听候差遣的人，而不是成熟的贡献者。

开会过程中的互动完全是一对一进行的，其他人的态度都是事不关己，高高挂起。谈话只在领导者和单个团队成员之间展开。

开放

团队成员之间缺乏互动说明他们之间很少分享彼此的经验，团队也没有从与会者的丰富经验中获益。

大家没有坦诚地分享信息，案例最后把这个问题展示得很清楚。当人们意识到这一点，他们就会变得谨慎、多疑。

不够坦诚的汇报没有受到质疑。乔恩知道弗雷德没说实话，却还是选择了保持沉默，这会阻碍更多卓有成效的团队合作。

这些做法和行动不利于培养信任，如果这样的状况延续下去，就会造成彼此之间自发的不信任，不论是对建设有效的团队，还是对团队工作成果的取得，都会有侵蚀作用。

没有建立起互信，就不会产生有效的团队合作，只会制造新的工作量，而且是不必要的工作量。很蠢是吧？

团队成员之间缺少信任的原因

第一个常见原因，简单地说就是团队成员之间彼此不熟悉。相信陌生人是一件困难的事情。在这个案例中，团队成员都是向同一个领导汇报的孤立的个体，仅此而已，彼此再无瓜葛。他们彼此陌生，也没有表现出改变现状的意愿。

在这样的状况之下，当然会出现不少问题。如果人们彼此不认识，当然也就谈不上互相理解，更不会愿意建立起密切关系，或者担起共同利益，因为他们之间缺乏真正的人与人之间的联系。这样一来，他们之间也谈不上建立互信。

只有当两个或者更多的人彼此遇见，展开交谈，并且超越了"有事说事，无事各安"的阶段之后，才谈得上建立起人与人之间的联系。在上面的例子中，大卫只是向众人询问了事情的进展。这样的过程意味着他们与这些公事之间并没有深层次的联系，他们只是些经手人而已。这是进行交易的过程，而不是由关系主导的过程。人们只是从利益出发，公事公办，鲜少把感情倾注其中。结果是，除非不得已，他们彼此之间不会分享信息，无论是好消息还是坏消息。这样一来，人们在分享自己所知方面会很踟蹰，由此造成了信任感缺失。这就意味着，除了有事说事的交往，他们不会再去寻求彼此进一步了解，也难以建立起实际的联系，更不要说建设性的联系。你愿意在这样的环境中工作吗？

健康的工作关系要求团队成员之间建立起和谐的人际关系，因为当人们来上班时，并没有把情感化的自我留在家中。当人们带着各自的思想和情感来到工作场所，会给工作主题带来更多有价值的信息，人们也更容易与工作内容建立起情感联系。这会让他们对工作更上心，更愿意参与，也更愿意分享他们的知识和经验。这是双赢策略，不但对团队和个人有利，而且对业务本身和顾客也更有利。

团队成员之间不熟悉的原因

- 他们只想着完成工作任务,没有把建立关系当成工作的一部分。
- 他们碰面时都太忙了,根本顾不上别的。
- 团队领导以及其他人没有对此给予鼓励。
- 他们不觉得这件事情很重要,也没有认识到其意义。
- 他们没把这件事放在优先位置。
- 存在个性差异。
- 形成了根深蒂固的消极的第一印象且难以改变。
- 当与别人交往时,受到自我意识的阻碍。

无论是由哪种原因导致,彼此不了解都会产生不良的影响。

团队成员彼此不了解带来的影响

- 他们会保留自己的信息,不与别人分享想法和经验。
- 当说出事实真相时,他们会感到不自在。这并不是说他们在撒谎或者有什么不良企图,这仅仅意味着他们唯恐"祸从口出"。这可能是早先因为说真话有过不愉快的经历所导致的,有时一些领导者会因为不乐于听到坏消息而"斩杀诚实的信使";这也可能是因为他们观察到别人也并不愿意实话实说。
- 他们会错失快速响应和解决问题的机会。在上面的例子中,乔恩以前确实有这方面的经验和关系,能够帮助德国工厂快速、方便地解决问题。因为弗雷德不了解这个情况，因此就没有征求乔恩的意见。而乔恩因为摸不清弗雷德的反应，也就不敢贸然发声。

● 有趣的一点是，我们要记住，这里所描述的行为并不总是有意识、有目的的；它们通常只是为了在职场中生存而采取的应对策略。我们将在本章后面部分，对这些行为进行深入分析。

对业务、客户、员工和利益相关者的影响

如果人们彼此之间互不了解、互不信任，他们就会对开展合作感到犹豫或者不情愿，进而导致连最简单的任务也难以完成。

我们最近观察到这样一个情况，一名团队成员表达了她的沮丧，因为她感到同事对她工作的重要性不屑一顾。这种漠视是团队成员之间互不了解的结果，而不是存心为之。但因为没有意识到这一点，她很恼怒，产生了抵触和失望情绪，这让事情变得更糟。后来，她不再想跟同事共事，开始回避他们，这又进一步影响了沟通和团队意识。

因为同事之间的沟通交流出了问题，最终他们的一家客户受到影响，没有按照双方约定如期收到报告。客户就此违约提出投诉，导致合同的惩罚条款生效，客户无须再为此付款。

这就是缺乏互信和公司经济利益之间的关系。并且，影响还不止如此。

相互之间缺乏协作，意味着完成工作的时间会拉长，这会影

响生产效率，继而影响成本。

不要忘了，当团队的互信程度降低时，成员的忠诚度也不会高，这会导致更高的人员流失率，从而导致成本上升，其中包括雇佣和培训新成员的成本，还包括知识和经验流失导致的成本，因为后者会影响顾客的忠诚度和消费额。缺乏互信与额外成本之间的这种联系，领导者很难察觉到。

让我们再看另外一个例子。

> 霍华德觉得自己和这个成员各自孤立工作的团队很疏离，这里缺乏团队归属感，这让他觉得：既然他们什么都不为我做，我为什么要为他们做事？霍华德觉得自己是在孤军奋战。他和团队没有什么牵扯，因此没有强烈的愿望要在这里待下去。一有其他工作机会，他就跳槽了。当他离开公司，他所掌握的那些重要的工作知识也不再属于这个团队，由此造成的知识缺口团队需要一年时间才能补上。这是一个成本高昂的过程，完全是由于团队中缺乏互信和忠诚造成的。

在极端情况下，缺乏互信还会导致顾客流失。道理不言自明。

/解决方案/

团队成员需要花时间一起相处，为了达到相互信任，重要的一点就是要拿出时间来彼此了解。如果你是一名团队领导者，就要有这方面的意识并加以贯彻落实,这样就能实现自己的目的。这做起来并不难。

让我们看看具体应该怎么做。

方案一: 鼓励团队成员开口说话

无论你是团队领导者,还是团队普通成员,都可以鼓励团队成员开口讲话。这不是高科技,这简单得不得了。只是需要有人先起头,需要有人先站出来,来打破"万马齐喑"的局面。

你可以在开团队会议时采取这样的行动,把它变成会议议程中的一个常规性内容。你也可以鼓励团队成员在完成工作任务的过程中多交流,这时彼此交谈就像是工作协作的一部分,可以很自然地发生。一个让别人开口交谈的最有效的方法是,向他们提问,对他们表现出真正的兴趣。要循序渐进——一下问太多问题,不管你的初衷有多好,都会让人觉得像是在被审问。选一两个话题开始攀谈,然后顺其自然就好。

以下是一些有用的问题:

- 来这里之前,你在哪里工作?
- 你从哪里来?
- 你在哪里上学?
- 你第一份工作是在哪里?
- 你愿意一直在这个行业工作吗?
- 你八小时之外会做什么?有什么特别的爱好/兴趣吗?
- 你住在哪里?

- 你觉得我们作为一个团队要想做得与众不同应该如何着手？
- 你对自己的工作最满意的是哪一部分？
- 如果可以，你会做什么？
- 如果你是CEO，你会如何改革我们的经营之道？

方案二：坦诚分享，团队就会更开放

如果你希望别人与你交流分享，那你首先需要分享一些自己的事情，不能只以工作中的形象示人，要展示自己七情六欲的一面。你必须表现出对别人的信任，才能赢得他人的信任；如果你信任别人，并与之分享自己的信息，他们也会愿意投桃报李。你可以在开会、吃饭、非正式聚会、电梯里或者等车时与他人进行这样的交流。人们之间互相感兴趣是很自然的事情。如果你向别人表现出很乐意谈谈自己，人们就会很开心，因为这说明你对他们很感兴趣。

方案三：如果团队缺少开放的氛围，你要确定你愿意以及准备分享什么

不同的工作文化之间差别很大，有些文化很自然就是开放和信任的。在这样的文化中，开放是容易做到的，并且是组织的常态之一。然而，在戒备性强的文化中，人们学会了谨言慎行，一个人太开放是不明智的，因为这会让别人感到惊讶，甚至引来怀疑，从而有损其在组织中的地位。更保险的做法是，从分享工作上的知识和经验开始，当彼此的信任增强以后，再去分享那些更

加个人化的内容。当别人向你开放时，你可以给予赞扬，这会鼓励他们继续这样做。

方案四： 在关系建设方面投资

花时间了解别人是一件很重要的事情，但也经常有人觉得这是在浪费时间。如果改变思考方式，把关系建设当成工作的必要组成部分，你就不大可能再将其视为浪费时间的无用之举，也不会有意无意地回避。这是取得成功的必要环节，因为一个良好的工作环境有助于人们更加有效地工作。试想，当工作出现问题时，解决问题的关键常常会落到你认识的某个人身上，如果你们之间关系不错，你对他也比较信任，那肯定会对你大有裨益。有了这种良好的人际关系加持，你就能迅速有效地解决问题。因此你要在这方面下功夫，为关系建设挤出时间来，直到把它作为你的日常工作内容之一。

方案五： 必须花时间彼此了解

可以在正式的工作日程和业务会议之外去做这件事情。你还需要创造非正式的机会与同事交往。这些机会包括：

- 办公室早餐
- 午餐
- 聚会
- 一起喝咖啡/茶歇
- 下班后一起喝一杯

- 晚餐
- 运动
- 其他社交活动

要知道,对于许多人来说,在工作时间之外相聚是不容易的事情,然而这应该是工作的一部分。不需要为此花太多时间,但要把它变成常态性活动。有的团队甚至定了这样的规矩,在这类非正式的社交聚会中不谈工作。说实在的,有时这很难做到,为此有些团队规定,如果谁在这样的场合中谈工作,他就要放一笔钱到捐款箱中,这些钱最后统一捐给慈善组织。

方案六:解释清楚为什么彼此相知对良好的协作很重要

你需要抽出必要时间,并且必须清楚你此时正在做什么,这样团队成员才会明白为什么互相了解是很重要的事情。要把互相了解的价值和意义说清楚,帮助团队成员认识到这是多么有益的事情,分享一些人们因互相了解而在工作上获益从而助力成功的案例,可以邀请一些团队成员来现身说法。当人们身处一个强有力的团队中,当团队成员之间彼此相知甚深,当这样的工作状态让他们受益,他们会对此留下深刻印象。由于人们往往难以在彼此相知和成为成功的团队成员这两件事情之间建立起联系,因此团队领导要把这个道理向大家讲明白。

方案七: 说到做到

在建立信任方面,说到做到比其他任何事情都更有效。当你履行了诺言，别人就会安心，因为他们会笃定组织对自己的期待，也知道自己可以有什么期待。因此，彼此负责、言出必行，是彼此相知的题中应有之义。如果我知道你是一个靠得住的人，那么我就可以更好地知你懂你，就会更加信赖你。所以创造一个承诺、守诺的环境是很重要的。甚至当你用发誓这个词（promise），而不是用承诺（commitment）这个词，效果也会大不一样。当你说我发誓（I promise）时，会让人感觉更强烈。

方案八： 不要回避问题

让团队成员互相了解和信任，不是锦上添花之举，而是非常关键的管理策略。这是你的本职工作。你可以选择听天由命，但坦率地说，成功率极低。你可以大胆设想，当在团队中正确地推进了这种"凝心聚力"的团建策略，你将收获多大的好处。团队成员之间不一定要成为最好的朋友，他们只需要彼此了解，并在一定程度上彼此悦纳。

让我们看看本章引例中的团队是如何运用这一方案的。

上次会议一个月之后，大卫组织又召开了一次团队会议。按照议程安排，这次会议的主题就是"彼此了解"。所有人都收到了邀请，但没有人能预料，当会议的议程中明显不包括通常的业务问题时，会产生什么样的效果。

当团队成员步入会议室时，一开始都有一些踟蹰，因为会场的布置与以往大不相同。一般的会议室中间会摆一张大桌子，而这个会议室中间是摆成马蹄形的14把椅子。没有桌

第一章 如何建立信任

子,也就没地方能藏东西。这次大家不用等大卫,他早早就到了会议室,欢迎大家,并请大家入座。

大家小心翼翼地找好座位,有人在调整椅子的位置,有人甚至把椅子移到了圈外一点的位置,好像要让自己和这个不熟悉的过程拉开一点距离。

乔恩费力地寻找能放笔记本电脑的地方,最后只好放到了椅子下面。弗雷德感到自己暴露在众目睽睽之下,知道自己再不能躲过众人视线偷偷玩手机了。

大卫解释说,这次会议与以往不同,是为了建设一个运作良好的团队,大家需要互相了解、彼此信任,这就是会议的目的。

然后,他要求大家两人一组进行交流,说说对方不知道的有关自己职业和个人生活的一些情况。

大卫先带头分享,他回忆了人生的第一份工作,那时他在库尔舍瓦勒滑雪场当滑雪教练。有人露出了吃惊的表情,发出了"真没想到啊!"之类的小声议论;有人说得更直白一些:"大卫,真没想到你还当过'滑雪迷(ski bum)'啊!"大卫听了哈哈大笑。这传递给大家一个信号,彼此坦诚相待没什么问题。大卫继续讲自己的故事,讲他如何在雪坡上认识了妻子弗朗西斯卡,以及他们现在一有时间还是会一起去滑雪。"明年我们会一起去加拿大,这是个开头。"他说。

"什么,整个团队一起吗?"弗雷德眨着眼说。他开始喜欢上这种轻松的氛围。

大卫咧嘴一笑:"我不知道弗朗西斯卡会怎么说!"他扫视了整个房间,发现大家都在认真听,没有一个人在玩手机。效果达到了,他想。

在接下来的30分钟里,大家知道了弗雷德是一位吉他发烧友,以前常待在乐队里;汤姆喜欢航行,自己还有一艘大船;艾琳曾经是法国少年网球比赛的冠军;还有其他许多有趣的故事也浮现出来。大家惊喜地发现,彼此有许多以前未曾想到的共同点。

在几次笑声和友好的打趣之后,氛围已经改变了。大家的交流变得顺畅,话题也自然地转移到了团队来年的规划上。相比以前的会议,大家流露出更高的兴致。每个人都发表了自己的观点,大卫也观察到,大家相互之间比以前更能直抒胸臆。这是一个好的开始。他知道还有很多工作要做,但这个简单的方法如此有效,让他感到惊喜。这的确是一个好的开始。

团队和团队领导者的行为

针对上述解决方案,表1-1列出了一些行动项。在这些行动项的支持之下,上述解决方案能够收到很好的成效。这些行动项本身发挥的所用是有限的,但是有了这些正确的行为,你就能让大家尽快熟悉起来,加速彼此信任的进程。

表 1-1 建立信任行动项

解决方案	行动项	成效
鼓励团队成员开口说话	倾听 展现兴趣	当真诚地表现出兴趣并且认真地倾听，你就会让人觉得他们受到了重视，这样他们就会意识到他们的意见很重要，开口交谈是一件好事。
坦诚分享，团队就会更开放	展现勇气	如果你有勇气披露一些深层次的信息，即使这显得你不是那么完美，其他人也会见样学样，以更认真的态度交流，而不是顾左右而言他。
如果团队缺少开放的氛围，你要确定你愿意以及准备分享什么	展现勇气 展现社会洞察力	就像前面的例子，这需要你拿出几分勇气。具有社会洞察力是指你能够理解所在组织的"潜规则"，不会把自己暴露得太快太彻底，以免损害自己的声誉。这意味着你能读懂这些潜在的规则，循序渐进，努力取得最好的渐进性成果。
必须花时间彼此了解	展现同理心	花时间与他人相处这件事本身就说明，你能与他人更好地相互了解。在这件事上花时间，能表现出你的同理心，也能够改变关系，还能开启对话，否则对话就不可能发生。
解释清楚为什么彼此相知对良好的协作很重要	贯彻开放和透明	如果你能向大家表明，你为什么愿意拿出时间来让团队聚在一起，你就满足了人们对"原因"的需求。知其然又想知其所以然是人类的本性。
说到做到	展现信任	承诺是个带感情色彩的词，能够打动人心。信守承诺比任何东西都有力量。落空的承诺会破坏信任。无论从哪方面看，它都会在核心层面影响信任。
不要回避问题	展现勇气	建设一个彼此信赖的团队不是锦上添花之举，而是一项关键性工作。这是你的中心任务。要确认任何事关信任的问题都得到了解决。

说到创造亲密和信任的团队气氛，我们的关注点放在了有效的行为上。

经过长时间有意识的训练，这会成为非常有力且有效的习惯，会自然而然地表现出来。

团队和团队领导者的想法与感受

研究证明，人平均每天会产生将近 70 000 个想法。许多这样的想法能够影响人们的心态和习惯。

我们所想的能够影响我们如何去感受，我们如何感受会影响我们如何思考。

你想在团队内增加亲密感和信任感，就要积极主动地汰换那些对此不利的想法和感受。表 1-2 是本章案例中反映出来的想法、其对感受的影响，以及如何才能加以改变。

表 1-2 消极的想法与感受 vs. 积极的想法与感受

消极的想法	消极的感受	积极的想法	积极的感受
我为什么非得待在这里？这是浪费时间，我还有很多事情要做。	沮丧 无助 紧张 恼怒	既然来了，就想想如何不白来一趟吧！我不喜欢浪费时间，无论在哪里我都会百分之百投入。关注此刻与当下。其他事情以后再说。	希望 好奇 平静 满足
听起来让人难受。	痛心 沮丧	我对这个很感兴趣。我就是要从这里找出闪光点。	好奇 惊喜
我们的新领导太年轻了！他到底懂什么？	担忧 嫉妒	我能从他这里学到什么新东西？我如何才能从他的朝气和新观点中受益？	希望 信任 惊喜

续表

消极的想法	消极的感受	积极的想法	积极的感受
弗雷德在计分卡这方面撒谎了！ 他不说，我就不说。	厌恶 忧心 恐惧 忧心	我要去向弗雷德把这件事情讲清楚。 我先抛砖引玉吧！	满意 希望 激动

/ 总　结 /

团队意识

不管是在工作方面，还是个人生活方面，团队成员之间都需要互相了解。

如果人们彼此不了解，那就谈不上相互理解，也就不愿意建立起密切关系，或者对此产生兴趣，因为他们没有建立这样的人际联系。结果当然是彼此不信任。

团队建设

团队要拿出时间让大家有机会相互了解。可以利用会议的场合、机构内外部场合，可以是正式地召集在一起，也可以是非正式的聚会。我们曾经工作过的团队有月度餐会，每周还有早餐会等，保证大家有机会定期一起吃个饭，既是团队的聚会，也可以进行一对一的交流。有时候，我们甚至不让大家在这些场合说工作上的事情，让彼此的交流就单纯围绕个人生活进行。这样的团队，成员之间真心感激"一路上有你"，也能达成最好的业绩。

根据盖洛普的员工敬业度研究，在影响员工敬业度的 12 个因素中，有一个是"我在工作中有最好的朋友"。

对效益的影响

在我们的例子中，员工之间的了解和信任，的确与组织的经济效益存在相关性。我们每天都可以从一个行为中引出众多联系，通过这些联系，组织的经济效益就会受到影响。本章建议的方案都能体现出在人与人之间建立信任是多么重要。所以我们不能抱着撞大运的心态。你会让一次重要的业务会议放任自流吗？

/ 反　思 /

观察你所在的团队，并思考：

- 团队成员之间的了解和信任程度如何？
- 除了工作上的事情，他们在生活上互相了解吗？
- 为了让组织变得更开放、更值得信任，我应该如何做？
- 为了创造彼此信任的团队氛围，我正在向大家展示什么样的行为？
- 为了让别人了解我，我可以怎样做？
- 就团队目前的开放和信任程度而言，我正在扮演什么样的角色？
- 为了解我的团队/同事，我拿出了多少时间？

二次测评

当你实施了本章提供的解决方案之后,请再次回答这些问题,看看你所取得的进展。你如何评价你的团队在以下方面的表现?

指标	1 很差	2 差	3 一般	4 好	5 卓越
开放性					
信任程度					
坦诚					
尊重					
互动					

第二章
如何化解冲突和紧张

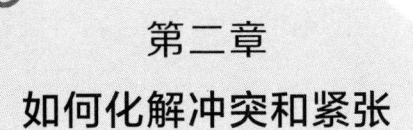

- 促进沟通
- 鼓励开阔的心胸
- 理解他人的观点
- 通过开诚布公的争论达成更好的结果

生活中从不缺少美,而是缺少发现美的眼睛。

——罗丹(Auguste Rodin)

自我测评

在阅读本章内容之前,请完成下面的快速自我测评。对团队的以下各项指标你如何评价?

指标	1 很差	2 差	3 一般	4 好	5 卓越
沟通					
有益的争论					
建设性的冲突					
开放的心态					

新同事带来的威胁

"新来的家伙在身边,我觉得浑身不自在。我不知道该怎么说他。为什么哈里特会把他的老同事弄进团队?她葫芦里卖的是什么药?是我们还需要更多的人才,还是她认为我们这些人能力不够?她是想给团队大换血吗?这对我来说意味着什么?我想我得和克拉克谈谈这件事。"

萨拉给克拉克发了个短信,看到他很快就能回电,心里舒服了一点。

她的手机震动起来,克拉克的名字出现在屏幕上。

"嗨,克拉克!"萨拉压低声音说道。她向四周张望,看旁边有没有人能听到他们的通话内容。所幸办公室里没有几个人,他们都坐在另一边。她伏在办公桌上,把手机贴在耳朵上。

简单寒暄了几句后,萨拉把话锋转到今天想要讨论的主题上。

"你对罗伯怎么看?你觉得他是怎么进来的?"

"你为什么问这个?他惹毛你了?"克拉克的声音里带着笑意。

萨拉赶快否认:"没有,没有,完全没有。但是你知道他和哈里特以前一起工作时关系有多铁吗?哈里特当年是罗伯的哥们儿。"

"是的,这我知道。但我觉得这未必是个问题。"克拉克听起来很平静。

"是吗?可我觉得是个问题,因为我听说EXODUS项目就要交给他了。"她停顿了一下以强化效果,然后继续说道,"这本该是哈里特留给自己干的,因为这需要在她那个层面协调。按说如果她想把这个项目交出来的话,也应该交给我,或者你。我们在这个公司的经验不比罗伯丰富?这件事情值得关注的地方就在这里。"

"也许是,也许不是。这也许是因为罗伯更有外部视野,能给事情带来不同维度的价值,这是我们没有的。他的经验很丰富,只不过不是在我们公司罢了。而且我喜欢这个人,他是个不错的伙计。"

没有得到克拉克的支持,萨拉有点失望,但没有说出来。当克拉克匆忙结束谈话要去开会时,萨拉更加沮丧了。

"我本以为克拉克会赞同我。但事实并非如此,这真让人生气!我原来还以为我能指望他。我才不管这一套,我要去找哈里特,告诉她我比罗伯更合适。另外,我才不相信他会有哈里特力挺的那么优秀。我相信我能从他光鲜的外表下面找出些不那么值得恭维的东西来。我根本也不需要克拉克帮什么忙。我会在团队里找其他赞同我的人,一起挖出真相。"

/问题分析/

在上面的例子中,因为预感到新的团队成员会带来威胁,团队内产生了冲突和紧张的气氛。

引发冲突和紧张的原因很多,并且会以多种不同形式表现出来。有时这种冲突是公开的、有争议的,有时候则是被动侵略性的,后者因为不是太明显,所以更难处理。

绝大多数团队和团队成员都经常会遇到冲突和紧张的状况。

让我们看看在这个例子中,有什么问题在涌动。

内心的紧张

萨拉因为新成员的到来感到了威胁。此人是她老板的旧相识。萨拉认为,他们之间密切的工作关系意味着,她自己和其他团队成员不会像此人一样有价值,因为他们和老板之间可没有这么硬的关系。

萨拉和克拉克都不清楚老板为什么会让此人进到团队，这导致了无端的猜疑。

罗伯和哈里特以前是工作伙伴，因此在萨拉眼里他比自己高了几分。这让她不禁要与罗伯比比分量，并且担心自己比不上他。她感到自己落了下风，但又想通过申辩 EXODUS 项目应该交给自己，来证明自己未必就不如罗伯。

拿自己和新同事比长论短，导致萨拉陷入了与新同事势不两立的心态中，忘记了双赢的可能性。

对工作时间和效率的影响

当萨拉和克拉克撇下工作来讨论这样的问题时，工作时间就被浪费了，工作效率也因此受到影响。

信任水平

当克拉克说萨拉认为罗伯对她产生了威胁，萨拉并不承认。由于相互之间不坦诚，他们之间的关系也变得紧张起来，因为在克拉克看来，萨拉明显没有说实话。

因为萨拉对罗伯既不了解也不信任，所以她觉得自己不能和他直接交流，这就意味着，她自己臆想中的冲突比实际情况要严重得多。

萨拉也没有尝试把自己的担忧向老板提出来，因此老板无从向她澄清此事。她没向老板提出这个问题，是因为担心老板的反应方式。总之，既然老板哈里特把以前的同事召来了，那他就一定是老板的关系户，而老板却浑然未觉这件事已经引发冲突了。

因为萨拉对罗伯很不熟悉，因此她会根据道听途说来主观臆断。她把一些支离破碎、捕风捉影的信息拼凑在一起，形成了一幅虚假的画面，而她自己也开始相信这就是真实的。

当收到克拉克的来电，萨拉环顾四周，以确定无人能听到他们的对话。因为她知道这番通话可能会在团队里引起是非，这说明这个团队缺少开诚布公的氛围。

人际紧张

当克拉克不赞同萨拉的主观评价时，萨拉感到了更严重的内心冲突和紧张。

克拉克不同意萨拉的观点，是因为他想让萨拉用更有建设性的态度来看问题，但事与愿违的是，他表达的不同意见加剧了萨拉的内心冲突。

萨拉因为想与克拉克"合谋"，结果反而把自己搞得更紧张了。当遭到了克拉克的拒绝，她决定另找"同伙"。

即使是通过这样一个简短的案例，我们也能看出，几乎在任何情境之下，冲突和紧张都会产生并加剧。

这对你和你的团队意味着什么呢？

团队中出现冲突和紧张的原因

简单地说，冲突就是意见不一致。意见本身谈不上好坏，但对它的解读能够造成冲突。

以下是在团队中造成冲突和紧张的主要原因：

1. 缺乏沟通

当人们得不到足够多的信息，就会用想象来虚构和填充，有时连他们自己都意识不到自己是在"望文生义"。无论得到的是多么细微、零碎的信息，人们都会发挥想象力，迅速往一起拼凑，创作出属于自己的故事。每个人都不同，创作出的故事也各不相同，直到真相大白为止。在这个故事中，作为领导者的哈里特没有向大家解释明白，为什么她要让罗伯加入团队，以及罗伯能为团队带来什么。

还有一个沟通问题是，当人们没有就想法和担忧相互交流，就难以及时澄清并避免冲突。从上面的例子可以看出，萨拉在这方面是存在问题的。

2. 个体差异

每个人都是独一无二的，会让团队展现出不同的风采，认识到这一点是很重要的。如果团队成员之间彼此不了解，也不理解彼此的个人需求和价值观，那么当他人的意见和行为与自己相左时，他就会认为这是有缺陷的。站在别人的立场，从他人的角度看问题，不是一件容易的事，我们工作的节奏和速度都很快，有时候真的难以做到这一点。面对这样的挑战是很正常的事情，但这并不是我们拒绝理解他人的借口。

3. 目标冲突

如果团队成员的目标各不相同，如由于某种原因这些目标之间难以互相支持，那么他们各自的优先级就会不同，他们就认识不到别人目标的重要性。这就会造成冲突，至少是紧张。

在矩阵式组织中常会出现这种情况，当不同部门以及不同业务领域的人一起工作时，成员隶属不同团队。此时，目标冲突经常是现实问题，因为在组织高级管理者的层面，对这些工作目标和重点的协调往往做得很不够。

4. 竞争性行为

当角色不明确时，人们就会和别人争着干同样的事情，因为谁有什么资源、应该干什么，大家都不清楚。这样一来，人们就会觉得别人在跟自己抢活，这注定引发冲突，尤其当缺少沟通时，更会如此。

当人们觉得某件事情对错不清时，冲突就会出现。反过来说，这又意味着当人们意见相左时，某个人究竟是对是错也很难说清楚。当人们这样思考时，他们当然希望自己成为那个对的人。当他们力图成为正确的一方时，就不愿意从别人的观点中发现潜在价值。如果大家都想成为正确的一方，都感觉别人没有倾听自己，更谈不上重视，紧张气氛就产生了。

当团队成员感觉他们必须证明自己时，竞争性行为也会发生。比如在上面的例子中，当团队成员感觉新来者比自己更有优势时，就会自感矮人一头，或者产生自我怀疑。当一名团队成员达成了更好的工作成果时，也会造成类似情况。由此引发的竞争性行为已经与团队的利益无关了，焦点只在于"这对我有什么好处"。

冲突和紧张对团队的影响

如果冲突和紧张未能得到管控，就会侵蚀互信，让人们变成各自为战而不是团队协作。或者更糟糕的是，这还会让人们互相拆台（见图2-1）。

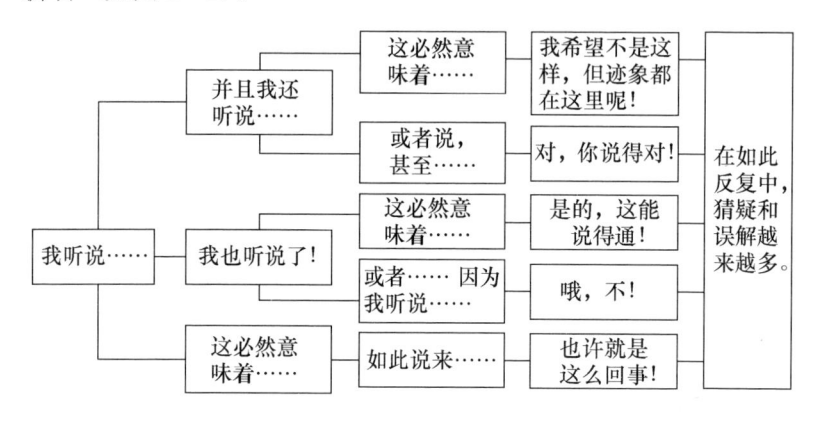

```
我听说……
├─ 并且我还听说…… ─┬─ 这必然意味着…… ─── 我希望不是这样，但迹象都在这里呢！
│                  └─ 或者说，甚至…… ─── 对，你说得对！
├─ 我也听说了！ ────┬─ 这必然意味着…… ─── 是的，这能说得通！
│                  └─ 或者……因为我听说…… ─── 哦，不！
└─ 这必然意味着…… ─── 如此说来…… ─── 也许就是这么回事！
```

在如此反复中，猜疑和误解越来越多。

图2-1 误解加速器

当团队被冲突和紧张所影响，就会出现下面的情况。

- 人们会浪费宝贵的时间去想这样的事情，甚至还会与别人嘀嘀咕咕，而这又会造成更严重的紧张。
- 当没有足够的信息，人们就会发挥想象力，谣言会出现，猜疑加深，进而损害团队协作。
- 当人们不愿开口询问，也不愿说出自己担忧的事，问题就开始恶化了，这会使更多的团队成员离心离德。
- 如果团队成员之间互相不理解、不互动，团队的工作效率就会下降。
- 相互冲突的目标会造成混乱，这会影响团队的行动能力，进而影响团队效能。
- 当团队成员的个人计划与团队的计划不吻合，竞争性行为就会造成严重分裂，还会对团队精神造成负面影响。

对业务、客户、员工和利益相关者的影响

当一个团队中存在冲突，其他人一定会注意到。由于冲突和紧张在其他人眼里基本上不会是令人舒服的事情，这样的团队就有把重要的关系搞砸的危险。

让我们看一个团队内的冲突影响了客户体验的例子。

> 一群朋友去一家很有名的餐厅用餐，有两名服务员为他们服务。在服务中出了些问题。虽然这帮朋友拿到了菜单，但居然有20多分钟没法点餐。他们听到这两名服务员正在为谁应该负责点餐而争执。最后，一名服务员不情愿地走了过来。开始上菜了，两名服务员还是在不停地争执，这帮吃饭的朋友只好选择不理他们。事实上，他们甚至有点看热闹的兴奋感，因为这两名服务员的"戏"演得很明显；这就像看小孩子在游乐场里打闹一样。其他就餐者也开始指指点点，取笑这两名服务员。当服务员问这桌客人是否需要甜品时，大家商量了一下，决定换个地方。因为他们不想再掺和这两个人的争执了，只想好好吃顿饭。没想到在这么一家很酷的餐厅居然吃成这样，聚餐的组织者感到很丧很尴尬。他们离开这家餐厅之后，把这段经历告诉了很多人。这肯定会对这家餐馆的形象/品牌和经济效益产生不利影响。

这个简单但很有启发性的例子告诉我们，明显的冲突会让其他人作何感想。

在组织之间，冲突也同样会有负面效果。只要有可能，其他团队就会选择避免与那些弥漫着紧张气氛的团队合作，因为与这样的团队合作要花费很长时间才能让人们站在一起，把事情搞定，达成一致。

冲突的影响就是这样造成的。

> 安德鲁是个很能鼓舞人的领导者。他的团队成员很爱戴他，他对团队的业绩也抱有厚望。安德鲁多多少少暗示过凯文，在即将到来的重组中会提拔他。凯文感到很自豪，也很受鼓舞，他干劲十足地想要向安德鲁证明他的选择是正确的。但最终的情况是，安德鲁没有兑现承诺，而是提拔了其他人。凯文很生气，但是没有直接冲撞安德鲁。他把怒火憋在心里，工作不像原来那么起劲了。他开始尽可能回避安德鲁，几乎停止了与他交流。他没有向任何人说这件事，但是大家都能明显看出来，其中一定发生了什么。有些人大着胆子去问他，他也只是简单答复"一切都好，没有什么问题"。这让大家更加担忧，团队的紧张气氛蔓延开来。营销团队和安德鲁的团队有着密切协作，他们也开始感到有些不对劲。在开过一些令人沮丧的会议后，凯文的心情更差，他的同事彼此交换眼神，对此心照不宣，有位营销经理决定下次要绕过凯文和他的同事了。结果是，营销团队开始自己干一些原来由安德鲁的团队干的活，这导致了团队职责的混淆。工作职责交叉，再加上其他摩擦，组织的生产力大受影响。

在这个例子中，安德鲁和凯文之间沟通不畅导致了负面的对抗性冲突，这比公开的冲突更难处理。由此造成的影响是多方面的：工作更费周章，职责角色混淆，沟通出现障碍。所有这些都会浪费时间和精力，对团队的经济效益产生负面影响。

/解决方案/

冲突和紧张未必都是坏事。如果慎重处理，甚至可能变为好事，因为这能激发有益的争论，引发不同的思考。大家的知识和视野都会因此而拓展，创新会因此发生，结出硕果。所以，关键不是不惜代价地回避冲突，而是要把它管控好，使之成为促进团队协作的有力手段。

让我们具体讨论一下应该怎样做。

方案一：沟通，沟通，再沟通

要及时填充沟通缺口，否则人们就会用自己的想象来填充，因此你需要沟通，沟通，再沟通，不要担心自己说的事情已经人尽皆知，事实有可能并非如你所想。所以先不要假设别人已经知道了，人们总是想知道来龙去脉，知道事情发生的原因，因此要把重点放在这上面。

方案二：聚在一起，问一些有建设性的问题

不要猜测，要去询问。要建设性地设计问题，以获取你所需

要的信息，填补信息缺口。如果你发现有同事在回避你，看起来忧心忡忡，那就要拿出时间来和他沟通交流。如果你注意到整个团队都存在关系紧张的问题，就要把大家召集起来沟通交流。要开诚布公地谈，让大家都实话实说。

下面这些问题，不管是对团队还是对个人都有效。

- 你还好吗？
- 你现在怎么样？
- 有些事我们是不是必须谈谈了？
- 你是不是有些事情需要让我知道？
- 你现在是不是希望我告诉你一些事情？
- 现在我们怎么做才好呢？
- 还有什么比这更好一些呢？现在有什么问题？
- 我如何帮助你呢？
- 我们如何互相帮助呢？

方案三： 把人往好处想

每个人都与众不同。别人和你所思所感不同，不能因此说对方错了。人们一般来说都会尽力而为把事情干好，很少有人成心挑起冲突，故意烦人。如果某人的所作所为让你感到不舒服，那你需要后退一步，尽可能客观地看待这个问题。要假设他们的本意是好的。如果说你只能做一件事的话，那就做这一件——把人往好处想。如果你对他人的完整情况或者特殊经历不是很清楚，那么你对他人的积极看法就不会太清晰。然而，正因为要形成积极看法不是那么容易，假设别人本意是好的才更加公平。

方案四： 换位思考

要想真正理解他人，就要主动想办法换位思考。如果你的团队成员很难达成共识，可以让他们互换一下角色，就算是这么做一次，也能让他们对彼此有更深的理解。你也可以鼓励或者督促大家互相释放善意，尤其要让那些相处不太融洽的成员这样做。

你能看出来——是的，我们确实能站在他人的立场看问题，通过自己的眼睛去看别人眼中的景象。尽管未必完全清晰和客观，但毕竟比原来前进了一大步。

方案五：把团队成员的目标联系起来

不管是对团队整体还是对团队成员来说，每个团队都需要有目标。如果没有目标，那就建立一个。要把团队成员凝聚在目标的建立过程中，取得他们对目标的承诺。

确保目标是与大家息息相关的，并且能够支撑团队的工作。与大家息息相关的目标就是，他人的成功与自己有利害关系。息息相关的目标意味着，鼓励大家共同协作以取得成果。抛开众人，靠自己单打独斗是难以成功的。

要定期对目标进行检视，不能一年只搞一两次，这样才能帮助团队取得成效。

再往前走一步就是，有效的团队必须在各个层次上都有与大家息息相关的目标。有时候，组织的高层领导者会把目标下移，但能够避免冲突和紧张的方案还是要有高度协同的目标。在矩阵式组织中，这尤其重要，因为团队成员都有多条汇报线，如果不协调好，就会引起混乱。即使还没有实现完全的协调，但你为此所做的任何努力都会收到成效。所以要坚持定期检查目标的协调状况。如果你不在执掌大局的位置上，那至少要采取行动以施加影响。

方案六： 放下自己必须对的执念

我们前面讨论过，冲突不过就是观点上存在差异。观点并不是非黑即白，那只是不同的意见。问题是你的心态造成的。

当放下了自己一定要对的执念，你就可以把其他意见纳入思考，并看到紧张的情绪开始消失。另外，由于变化发生的速度很快，以前合适的东西，现在未必依然合适。研究显示，工科大学生在第一学年学习的东西，等到上三年级时，可能就过时了。

所以那些你认为正确的观点，可能未必正确。要保持开放的心态。

方案七： 有自尊地工作

当人们有意或无意地产生了自我怀疑，他们就很有可能会做出防卫性反应，因此而感到内心紧张，并且产生与他人关系的紧张。在萨拉的例子中，她在与罗伯关系上的自卑感，让她对自己没有信心，感到必须证明自己。在这种情况下，她采取了竞争性行为。在其他例子中也可以看到，这会导致完全不同的行为，比如退缩或者侵略性行为。自尊（对自我价值的信心）决定着我们的行为。

因此，一个减少冲突和紧张的方案就是有自尊地工作。在人生的不同阶段，在不同的情境之下，我们都经历过自我怀疑和低自尊的时刻。我们可能在某个情境下保持着高自尊，在其他情境中却会陷入低自尊，情况一直在变化。这是很自然的事情。自尊水平是由我们的思考和感受决定的（见下文"团队和团队领导者的想法与感受"）。

方案八： 以合适的方式表达不同意见

如果你能以合适的方式表达不同意见，就能让双方都愿意去思考不同的选择，从而改善结果。做到这一点的方法之一是避免使用"但是"（but）这个词，代之以"然后"（and）。这能在人们之间"搭桥"而不是"砌墙"。

让我们看看如果萨拉和其他参与者采用上述解决方案，可以怎样做。

> "我对新人罗伯加入团队很感兴趣。他以前与哈里特共事过，这确实让人觉得有些不舒服，但哈里特做得漂亮的一点是，她给大家解释了雇佣他的理由。他的 IT 背景会让 EXODUS 项目大大改观。这当然也会让我的工作轻松不少。我最好和克拉克谈谈罗伯加入团队这件事。"

萨拉给克拉克发了一条短信，很高兴地发现他马上就回复了。

她的手机震动起来，克拉克的名字出现在屏幕上。

"嗨，克拉克，很高兴与你通话。"

寒暄几句后，萨拉转入正题。

"对罗伯加入团队这件事情，你怎么看？"

"为什么问这个？他惹毛你了？"克拉克的声音中带着笑意。

萨拉笑着否认："没有，哪有这事？我得承认，开始时是有些担忧，因为我不知道他会负责哪块工作。但是，哈里特很快就把事情说清楚了。罗伯一进公司就召开这次会议还是很好的，借这个机会我们可以对他有所了解，特别是了解了他的专业背景。"

"是的，这个会开得好。我的确和你有相似的想法。我一开始对他也拿不准，但这次会议解决了问题。"克拉克表示赞同。

"我听说 EXODUS 项目会交给罗伯。我也想做这个项目，但是交给他可能更有道理，毕竟他有这方面的背景，你觉得呢？"

"是的，也许是这样，虽然我觉得你也合适。你还是会帮助他，对吗？你有的经验他没有，但你也可以从他那里学到东西，对吧？他看起来人不错，应该好相处。"

通完电话后，萨拉又想了想，克拉克这些坦诚又于人有益的观点让她更安心了。

"与克拉克进行这样坦诚的讨论，让人感觉不错。我和他总能说到一起，和别人就未必。我也许应该努力和其他同事也形成这种关系。"

团队和团队领导者的行为

针对上述解决方案，表2-1列出了一些行动项。在这些行动项的支持之下，上述解决方案能够收到很好的成效。这些行动项本身发挥的所用是有限的，但是有了这些正确的行为，你就能更有效地管理团队中的冲突和紧张。

表2-1 管理团队冲突和紧张的行动项

解决方案	行动项	成效
沟通，沟通，再沟通	倾听和理解（希望帮助他人）	通过倾听，理解你的交流对象，再加上帮助他的真诚愿望，你就不仅能向他传达信息，也能向这个特定对象传达意义。
聚在一起，问一些有建设性的问题	有勇气 真诚 有创意 倾听	当你有勇气去问建设性的问题，你就是在向别人传达信息，那些比较难说的问题也可以讨论。 勇气可以催生勇气。心怀真诚会让人觉得你的确想帮助他们。能够倾听，能够有创意地发问，意味着针对某个特定情境的人，你找到了一个合适的问题。
把人往好处想	接纳 好奇	当你的好奇心能有的放矢，当你能接纳他人，就更容易秉持积极的初心。你的心态就会变成希望他人一切都好。你就更能接受不同的观点。
换位思考	好奇 深思熟虑 （把事情想透）	有了好奇心和通透的思维，你就能真正开始考虑其他人的感受，以及他们会怎样回应或者反应。当你站在他人的立场上，就能从他们的视角看问题，这就意味着你能得到更好的结果。要认识到，当我们通过自己的视角看问题时，我们的反应几乎是不假思索的。

续表

解决方案	行动项	成效
把团队成员的目标联系起来	认真尽责	当你是认真尽责的,你就愿意正确地投入时间和精力。把团队成员的目标联系起来。这会让他们觉得自己与更宏伟的目标联系在一起了,这有助于他们认识到自己日常工作的价值,以及应该如何在团队的事业中找准自己的位置。
放下自己必须对的执念	虚心接纳好奇	想想某个你认识的,总是要说自己对的人,再想想他对你造成的影响。如果能够做到虚心接纳和好奇,就能帮你摆脱自己必须对的执念。这样你就能吸收他人的观点,也许还有助于你形成本来难以想到的精彩思路和方案。
有自尊地工作	接纳自己和他人	如果能够接纳自己,你就会对自我有一个积极的看法,这是对"你是否悦纳自己"这个问题的一个测量,是你的自尊水平。当你能够出于本心,就能更开放地与人协作。这能让你秉持本心,活出真我。
以合适的方式表达不同意见	尊重他人	有不同意见不要紧,这可能有好处,所以应该以积极的态度来处理,要尊重他人。要多想如何对待不同意见,而不是你想怎么说。花点时间把它想清楚,再想想你要的结果,这对你们来说是双赢。

我们在此集中讨论了一些对解决冲突和紧张局势有帮助的行为。经过一段时间的刻意练习后,这些行为就会成为自然而然的习惯,能够发挥积极的作用。

团队和团队领导者的想法与感受

想要管理或解决团队内部的冲突和紧张,就要积极主动地汰换那些对此不利的想法和感受。表 2-2 是本章案例中反映出来的想法、其对感受的影响，以及如何才能加以改变。

表 2-2　消极的想法与感受 vs. 积极的想法与感受

消极的想法	消极的感受	积极的想法	积极的感受
在这个新来的家伙旁边，我感到不舒服。	紧张 嫉妒 敌意	新即是好。看看这位新人能给团队带来什么。	好奇 希望
他这是在戏弄谁？	疑心	我想知道她这是想要实现什么成果。	好奇
他不同意我的意见，真烦人！	气恼	好，他这是有了不一样的想法。看看这能为我们带来什么。	好奇 希望
真是个白痴！	气愤 敌意	我们的想法真是不一样啊！这没什么。这未必好，也未必不好，存在即合理。	理解
为什么他们就看不出我才是对的？	气恼 沮丧	我不会坚持就我对。谁又能把对错全说清楚呢？	心态开放
本来应该是我！	嫉妒	选别人也是有道理的。我会有其他机会的。	接受
这个议论是什么意思？	怀疑	有趣的议论。我想多了解一点。	自信

/总　结/

冲突只是一种意见上的分歧，这种分歧本身并不是坏事。我们处理冲突的方式决定了结果。

有益的分歧可以带来更好的想法、更深刻的见解；有助于营造一个更敏捷、更有效的工作环境。

当事情不清楚或不确定时，人们就会产生疑虑，紧张情绪就会出现。紧张经常导致冲突，反之亦然。它们互相助长。

解决紧张和冲突的关键方法当然是沟通。

团队沟通

沟通，沟通，再沟通。在存在冲突的情况下，无论如何强调沟通的重要性都不为过。沟通能让问题变得清晰，而大多数紧张和冲突都是由于缺乏清晰的了解或存在误解造成的，所以解决问题的办法就是沟通，诚实的、体现尊重的、兴致盎然的沟通。

除此之外，如何接触一个有不同意见的人也将决定结果。假如你是一个团队的领导者，有个成员似乎在回避你，显然，你们之间存在一些紧张气氛。你可以这样说："你这是怎么了？"或者也可以说："我只是想知道，你最近过得怎么样？我们有段时间没见面了，一起喝杯咖啡好吗？"

上面哪种说法能让人乐意敞开心扉，并化解这种紧张局面呢？

团队成员的开放心态

要鼓励团队成员保持开放的心态，从他人的角度看问题。放下自以为是的心态！如果你能在团队中创造这样的氛围，它就能扩展到其他部门，甚至开启一种心态开放的文化。如果从这一章中你只能学到一件事，那就是：把人往好处想！

/反 思/

观察你的团队并思考:
- 团队成员之间,沟通的开放和坦诚程度如何?
- 在我的团队中,团队成员各自的职责和目标清晰程度如何?
- 我们团队的各项目标一致性如何?
- 当其他人和我观点不一致时,我能在多大程度上保持心态开放?
- 我是如何表达不同意见的?
- 我是如何放下自以为是的心态的?

二次测评

当你实施了本章提供的解决方案之后,请再次回答这些问题,看看你所取得的进展。你如何评价你的团队在以下方面的表现?

指标	1 很差	2 差	3 一般	4 好	5 卓越
沟通					
有益的争论					
建设性的冲突					
开放的心态					

第三章
如何鼓励团队成员分享信息

- 促进信息分享
- 促进智慧分享
- 促进团队学习

我们分享的越多,拥有的就越多。

——伦纳德·尼莫伊(Leonard Nimoy)

第三章 如何鼓励团队成员分享信息

自 我 测 评

在阅读本章内容之前,请完成下面的快速自我测评。对团队的以下各项指标你如何评价?

指标	1 很差	2 差	3 一般	4 好	5 卓越
分享知识					
分享经验					
协作					
团队精神					

对手还是同事?

费尔南多和卡洛斯相对而坐。他们是一个销售团队里的同事。他们独立工作,在各自的销售区域里都取得了成功。他们的经理突然心血来潮,让他俩坐下来交流各自的销售策略。

费尔南多叹了口气:"好吧,我们就交流吧。我们现在要交流各自的策略,但坦率地说,我看不出这会给我们带来什么益处。我们负责的区域不一样,我不确信我的工作方法能适合你的区域,反过来也是一样。"他看着卡洛斯寻求赞同,对方没有反应,他充满自信,就自顾自地一路说下去:"看,我知道自己在干什么,我干这个已经多少年了。我其实不需要什么帮助。不过,如果需要的话,我倒是有大量经验可以分享。"

其实除了那些非讲不可的内容,费尔南多一点也不想多说。"我为什么要讲?"他想。他付出很多努力,才取得了成功,说心里话,他不愿意与任何人分享自己的经验,哪怕是同事。领导建议搞这个分享,他觉得在某种程度上是对自己的侵犯。另外,他也没有真正把卡洛斯看成同事,在他的心里,彼此就是竞争对手。

卡洛斯饶有兴致地看着费尔南多自言自语。

"我一直觉得他有点傲慢。现在经理要求我们合作、分享,我虽然不算心甘情愿,但也是带着开放的心态来的。他显然不愿意直说他的策略,所以我也得有所保留。他不说,我凭什么要说?"卡洛斯被这个局面惹恼了。

带着一点迟疑,他们开始探究销售账户,结果这变成了一场"看我有多牛"的"秀"。当他们浏览现有客户名单时,费尔南多看到了一家公司的名字,在他负责的区域也有这样一家公司。他在心里想,要把这家公司也纳入自己的潜在客户名单,但不能告诉卡洛斯。

一个月后的一天,卡洛斯正与一家提出问题的客户会面。这个客户急切地说:"你有个同事来和我们联系了,他的名字叫费尔南多。"

卡洛斯尽力显得没有那么吃惊,他强压住自己的怒气。

"他联系了我们另外一家地区总部,也推销你们的投资组合。我要告诉你,这让我们有些吃惊。我们真不知道你们公司究竟是如何运作的。不过,我们拒绝了他,因为他根本就不了解我们的需求。我是后来才知道这件事的,不然的话,我会为你们公司说句好话。但现在的情况是，这个业务给了你们的竞争对手。我很遗憾。"

卡洛斯无言以对，他们不仅丢了这单业务，就连客户对他们的印象也受到了影响。卡洛斯很生气，沉重的失望涌上心头。他也感到很窘迫。他知道一离开这里，他就会拿起电话与费尔南多对质。

/问题分析/

在上面这个例子中，这两名销售人员没有协作，他们只是并存。结果，他们错失了一个重要的销售机会，这不仅影响了费尔南多的销售成果，也影响了公司的收入。

团队成员不愿意慷慨地分享他们所知道的东西，这是大多数团队面临的挑战，不仅仅是与此类似的销售团队。有时候，人们不会把缺乏分享和没能得到想要的结果联系起来。让我们更深入地研究这个案例，看看这里出了什么问题。

分享

费尔南多不想分享他所知道的东西。他不习惯这样做，也看不出这样做对自己有什么好处。他觉得自己是通过努力才走到今天这一步的，不应该把经验轻易传授给别人。他认为他们也得像自己一样努力工作才行。由于将同事视为竞争对手，他不愿透露任何信息的理由就变得非常明显。这种心态让他无法进行任何有意义的合作。

费尔南多觉得他没有什么要学的。他在销售行业工作了很长一段时间，自认为对销售有足够的了解。他没有考虑到卡洛斯可能也有些独特的见解和知识，他可以从中受益。他觉得自己比卡洛斯强，但他的行为却告诉了我们一个不同的故事。

卡洛斯之所以不肯分享，是因为费尔南多不肯分享。最初，卡洛斯对合作持开放态度，当费尔南多表现出一种高高在上的姿态，而且不愿意分享的时候，卡洛斯放弃了与之合作的想法。他这是在向费尔南多"看齐"：既然你不告诉我，那我也不会告诉你。这种几乎有些孩子气的行为在职场一次又一次上演。

对经营的影响

由于没有就销售策略进行有意义的和慷慨的交流，费尔南多和卡洛斯的经营业绩受到负面影响，这从销售损失中就能看出来。

在这个例子中，缺乏分享和经营结果受损之间存在明显关联。但情况并不总是这么明显，因此，总的来说，分享的重要性在团队和组织中时常会被忽视。但如果我们忽视分享，给企业造成的成本可能比我们意识到的要大得多。为了弄清楚如何克服这一挑战，我们需要首先认识到，为什么人们不愿意爽快地分享信息。

团队成员不愿意分享信息的原因

1. 认为知识就是力量

这是一种常见的误解。有了这种想法，人们就会隐瞒信息，因为他们认为把信息泄露出去会使自己变得更弱小。然而，事实恰恰相反。有句名言说"知识就是力量"，但今天我们生活在一个信息如此"速朽"的世界，为了跟上时代，我们需要彼此分享信息。因此需要认识到，在某些情况下，知识的确是力量，但在有些时候，笃信这一理念也会带来问题。

2. 意识缺乏

如果没有分享的习惯，人们就不会分享。因为不习惯分享，所以也不认为这是一件重要的事情，甚至不认为这是一个可选项。他们不知道自己不知道什么。他们看不到分享的好处，因为他们从没体验过。如果人们又很忙的话（很多人都越来越忙了），他们甚至不会有任何兴趣花时间去尝试分享，看看分享到底会有什么效果。

3. 孤岛思维

如果人们不理解他们所做的事情是如何融入全局的，他们就看不到分享的理由，因为他们只会狭隘地关注自己的部分。他们可能习惯于单打独斗，感觉没有理由去考虑分享如何有益于自己或他人。

4. 不重视自己的知识

如果你不重视自己的知识或观点，你就不太可能认为别人会重视它。这意味着你不会主动去为讨论或合作做出自己的贡献。

5. 竞争性思维

如果你把同事视为竞争对手，将不可避免地阻碍你与他们进行分享。在一场可以感知到的竞争中，你会和别人比较，而不会与之分享，因为这会给你的"竞争对手"带来一项他们以前所没有的优势。这是由赢-输思维驱动的，你认为其中只有一个赢家。

竞争思维还有一个方面是，把任何分享都当成是有条件的。它基于这样一种基本理念，那就是你只有在得到回报的情况下才会分享。"如果你不告诉我，那我也不告诉你。"

竞争思维的另外一种表达方式是，希望别人在像你一样努力过之后，再得到这份馈赠。

6. 受恐惧支配的行为

分享会让人感到害怕。你可能会觉得自己失去了一些非常有价值的东西，担心这会对你在团队中的地位造成某些影响。你可能会怀疑，当把知识传播给其他人后，自己是否仍然有价值。

如果感觉受到了威胁，无论这种威胁是真实的还是臆想的，都会促使人们采取防御或至少是保护性行为。

7. 保护

在某些情况下，为了保护他人，信息会被隐瞒。这背后的逻辑是，人们可能无法处理这些信息，或者可能因此受到伤害。

不在团队中共享信息/知识的影响

当信息、知识和经验不能共享时，就限制了整个团队的智力宝库得到有效利用，团队就不能有效地运作。团队受影响的过程是这样的：

- 当人们不知道其他人在做什么，或者不知道其他人可以用他们的知识为自己提供什么样的帮助时，重复劳动就会产生。当信息不能自由流动，就有不断"重新发明轮子"的风险。以前有人可能已经解决了这个问题，但由于他们的解决方案不容易分享到，所以你不得不做同样的事情。最终，这会导致无谓的工作量，让人们毫无理由地忙上加忙。

- 协作更少。人们都在做自己的事情，在自己的孤岛上工作，难以接触到其他同事。人们被引导到单打独斗的工作模式里。
- 学习受到了负面冲击。不去分享，别人就失去了向你学习和成长的机会。团队的成长也会因此受到影响。
- 当你知道某人了解某件事，他却不肯分享时，团队精神就会受到侵蚀。这会影响团队成员之间相互信任的程度。
- 类似"如果你不告诉我，那我也不告诉你"这样的报复行为，会降低团队协作的成熟度。
- 团队没有达到它能达到的目标。团队的集体智慧没有得到充分利用。

对业务、客户、员工和利益相关者的影响

本章开头的案例显示了，如果团队成员不主动分享信息，会对整体经营造成影响。

就像案例中的团队受到明显影响一样，组织整体也会受到影响，因为每个人的忙碌程度都会超过实际需要，而且不必要的工作负担和压力还增加了那些本可避免的错误发生的风险。

让我们来看关于信息共享对业务影响的另外一个例子，这次的讨论焦点是整个组织中的雇员。

> 斯特拉对最近的重组感到很生气。这意味着她现在要向

拉杰夫汇报。就算她对他比较尊重，但他们并没有很好的工作关系，因为她觉得他在会议上老是想收编自己。斯特拉觉得拉杰夫控制欲强。因为自己有银行方面的专业知识，所以让她参会、参加项目都很关键。但是斯特拉发现凡是有拉杰夫出现的场合，她都想回避，以免他控制自己。斯特拉也不想把太多专业知识告诉拉杰夫，担心这会削弱自己的地位。斯特拉已经接触银行很多年了，拉杰夫接触的时间相对较短。斯特拉很享受这种占有先手的感觉，不想让别人比自己知道得多，但如果她乐于分享，拉杰夫很快就会如愿。

慢慢地，斯特拉这种不利于团队绩效的保守行为被大家察觉了。她被大家视为难以共事的人，想从她那里得到什么信息几乎不可能。斯特拉开始成为问题人物。只要有可能，大家就会把她排除在外。人们在走廊里说悄悄话，在背后议论，都说如果没斯特拉事情真是好办得多，因为要想从她那里得到点有价值的信息简直是自寻烦恼。

正如这个小案例所揭示的，不分享的行为导致了一种"绕着走"的文化。这种文化是一种无效文化，不但浪费时间，也让人感到不安。雇员对组织的敬业度和忠诚度都会因此下降，最终他们可能会离开。这一切都意味着更高的经营成本。

由于缺乏分享，客户可能会得到混乱的或相互冲突的信息，因为员工之间没有足够的交流。在费尔南多和卡洛斯的例子中，客户对卡洛斯的公司如何运作感到困惑。在客户的眼中，他们的行为似乎没有统一协调起来，这就产生了一些担忧。这给客户留下了一个关于关系持续可能性的问号。

在这种情况下,我们都可以观察到不主动分享信息造成的影响。你应该问一问自己的问题是:有多少这样的情况是在你甚至没有意识到的情况下发生的?

/解决方案/

让人们分享信息、知识和经验是一个不容错过的重要机会。你由此真正获得的是智慧。

知识+经验+知道如何运用=智慧

不去做绝望的事情是智慧的品格。

——亨利·戴维·梭罗(Henry David Thoreau)

当组织内沟通交流通畅时,就创造出了一种学习的文化,在这里,个人、团队和组织的贡献都会倍增。

让我们看看具体如何实现。

方案一: 从自身开始!

如果你想要别人分享他们所知道的,甚至是那些你努力想要了解的,那就先迈出第一步。你想看到什么样的分享,你就先来做示范。大胆地分享你所知道的、你所经历的、你所学过的。然后让他人也这样做。事实胜于雄辩。坚定地相信这会带来改变,因为他们会感受到你的信念,这将对你的结果产生积极的影响。

方案二：让人们看到效果

要让所有人相信，敞开心扉、慷慨大方是值得的，你需要解释一下原因。找出人们由于分享或不分享而导致不同结果的例子。当这一切发生的时候，要实时给人们反馈。告诉他们你观察到了什么，它对你、团队和组织产生了什么影响，然后建议下一步应该做什么。

团队、组织、个人（team, organization, person, TOP）反馈模型（见图 3-1）展示了有效反馈的过程。这个模型表明，你可以根据观察到的行为给出反馈，并谈论其对团队、组织和你个人的影响。确保你的注意力集中在行为方面。

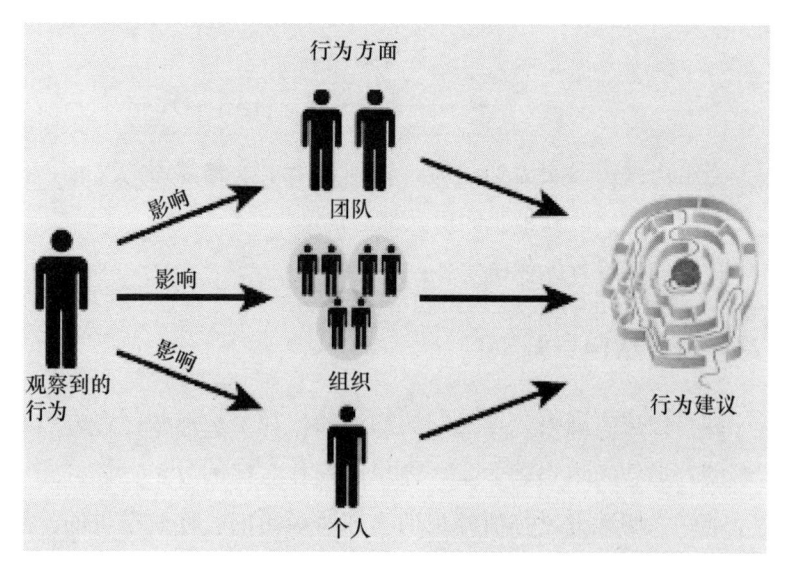

图 3-1　TOP 反馈模型

要在团队中使用 TOP 反馈模型，请遵循以下步骤：

（1）思考你观察到的那个人的行为。

（2）想想这些行为对团队、组织乃至你个人的影响，重点关注这些行为给你带来的感受。

（3）对他们接下来应该怎么做，准备好建议（可以是正向强化，也可以是建议他们以不同的方式做事）。

（4）向人们提供反馈，听听他们对这个问题的看法。

让我们继续看一看斯特拉的例子，事情可以这样发展：

> 斯特拉，我欣赏你在银行、业务和组织方面的丰富经验，当你分享经验时，我欣赏你开放而坦诚的风格。
>
> 你的经验和知识对我们的团队很有用，有你在身边，真的有助于我们应对挑战。你知道所有相关人士，知道干什么事情应该去找谁。我希望你能和我们分享更多。
>
> 你的经验对组织来说是一笔巨大的财富。就我个人而言，我对你的知识很欣赏，我真希望你能主动提供这些信息，而不是由我提要求。
>
> 如果你能与团队分享更多，能更广泛地参与到团队中，那就太好了。

方案三： 创建并执行 PODS

为实现促进分享这一目的，可创建特定的会议，方便人们分享和交流。创建并召开特定的"积极分享的力量"（power of dynamic sharing，PODS）会议，为特定主题提供知识/经验输入。

PODS 会议既适用于小型的、非正式的交流，也适用于大型的、更正式和有复杂目的的沟通交流。

这方面的例子包括关于如何留住客户或人才的 PODS 会议。事先做过准备的参与者会被邀请来，分享自己亲身经历过的那些有效与无效的案例。

方案四： 与团队的大目标建立起联系

看看你的团队的整体情况。确定你在整个组织中所处的位置。首先考虑以下问题：

- 你的工作对组织的使命有何贡献？
- 谁依赖于你的工作？
- 为了能够交付工作成果，你需要依靠谁？

了解你的团队在成功链中的位置，需要成为团队文化的一部分。这种持续的讨论提高了雇员的大局意识，能让人们向上看，向四周看。

方案五： 分享发挥作用并取得成果后要庆祝

当分享行为发生时，要留意到并及时认可，以此证明对慷慨无私的分享的大力提倡。对个人的慷慨举止要给予肯定，并庆祝由此取得的成果。庆祝和肯定都要具体，要点明因果关系，例如：这位同事花时间向大家报告了他在过程改进研讨会上所学到的东西，这让我们大家都更加意识到了过程改进的机会，并成功地将验证过程的时间缩短了一半。这不仅提升了客户满意度，也让我们能够承接更多的客户业务，从而增加了团队的收入。

方案六： 敢于分享

分享并不是件容易的事。有人会害怕分享，但正如苏珊·杰弗斯（Susan Jeffers）在她的书中明确指出的："虽然感觉到恐惧，但无论如何还是要去做。"有时候你必须勇敢一点，走出舒适区，去做一些新的事情。

让我们看看如果费尔南多和卡洛斯采用上述解决方案，可以怎么做。

费尔南多和卡洛斯面对面坐着。他们的经理心血来潮，让他们坐下来，就各自的销售策略交换意见。

费尔南多看着卡洛斯，坦白道："好吧，我得承认，我在这件事上有点犹豫。我不确定这会给我们带来什么好处，但我愿意试一试。在某种程度上，这些年来我们几乎一直是竞争对手，竞争销售冠军的名头。"费尔南多苦笑了一下："实际上，这么说吧，我们一直以来所做的事情听起来有点疯狂，毕竟我们是同事。"他停了一下，接着说："你觉得怎么样？"他征询地看着卡洛斯。

卡洛斯饶有兴趣地看着费尔南多，内心独白是：

"嗯，这比我想象的更有趣。费尔南多的开放程度超出我之前的预料。我是抱着开放的心态来做这件事的，看起来他也是如此。有趣的是，这可能会创造各种新的机会。"卡洛斯开始感到乐观了。

"我同意，"卡洛斯回答，"我知道我们每个人都有自己的业务秘诀，我们总是把它们藏在心里。但也许经理是对的，也许我们可以通过分享这些秘诀获得更多的东西，我很乐意试一试。毕竟我们并不是真的在互相竞争。这毕竟是一种非常不同的思维方式，是这么回事吧！"卡洛斯为难地挠挠头。

带着一些犹豫，他们开始探究销售账户，当研究卡洛斯现有的客户名单时，费尔南多发现其中一家公司的名字与他所负责的区域中一家公司的名字相同。他转向卡洛斯说："咦，看那个公司的名字。我不知道这是你的客户，我一直在考虑联系它在我这个区域的分部。我应该了解该公司哪方面的内容呢？你有什么可以指教的吗？"

一个月后的一天，卡洛斯正在和这位客户会面。这位客户急切地说："你的一位同事联系了我们，他叫费尔南多。"

"他联系了我们另一家地区总部，推销你们的投资组合。显然他在这方面做得很好，你们公司现在也在这个地区运营，再加上我一直对你赞赏有加，现在我们的首席执行官想要讨论和你们签订一份全国性的合同。当然，如果价格合适的话，才有可能签。这份大单，我该跟谁谈呢？"卡洛斯不禁眉开眼笑起来。

团队和团队领导者的行为

针对上述解决方案，表3-1列出了一些行动项。在这些行动项的支持之下,上述解决方案能够收到很好的成效。这些行动项本身发挥的所用是有限的,但是有了这些正确的行为,你就能让团队成员更有效地分享。

表3-1 鼓励分享行动项

解决方案	行动项	成效
从自身开始!	有勇气 有大局观	通过分享自己的智慧,你能展示自己的勇气与大度。这也能体现出你觉得他人足够重要,值得与之分享。这还能体现出你对他们的重视。 有大局观,你就能理解那些自己想与之分享的人,就能认识到哪些知识对他人有价值,适合分享,还能从他人那里引出值得分享的东西。
让人们看到效果	坦诚 尊重	当你不带威胁地把实情告诉他人,那就很清楚地表明,你这是为了更好地帮助别人。你帮助别人看到,分享能得到更好的结果。当他们体会到这一点,他们就会对分享有更深的认识,就愿意分享更多。
创建并执行PODS	有创造性 有好奇心 有激励性	通过鼓励开放性,PODS可以成为交流智慧、知识和经验的安全场所,它打开了人们的心扉,各种想法都会奔涌出来,由此所创造出的丰富成果,在不分享的状态下是不可能产生的。
与团队的大目标建立起联系	有大局观 有兴趣 有思想	如果你对整个组织有真正的兴趣,你就很容易通过思考当前的工作而为组织的总体目标做出贡献。这能让你产生参与到了更宏大的事业中的感觉,让你更有力量。
分享发挥作用并取得成果后要庆祝	有热情 积极正面 欣赏成功	当有效的分享得到认可和发自内心的祝贺,人们就会感到很值得。这让你能为自己的成就感到自豪。这说明,对分享取得的成果,不但要从理性的层面予以肯定,还应该让其体会到情感上的满足,这会让人们更愿意分享,更愿意再次享受这种情感。这也会感染他人。

续表

解决方案	行动项	成效
敢于分享	有勇气	你之所以不敢分享信息,是因为你觉得这可能会让你失去优势。如果你选择了分享,那你就会成长。你意识到,这么做是可行的,你仍然还不错,并且收获了成长。走出舒适区后,你扩大了自己的经验范围,形成了一个更大的舒适区,自己可以在其中得心应手地工作。你的认识上升到了一个新的层次,这能让你有更大作为。

团队和团队领导者的想法与感受

想要在团队内推动信息分享,就要积极主动地汰换那些对此不利的想法和感受。表3-2是从本章主要案例以及几个附加的小案例中反映出来的想法、其对感受的影响,以及如何才能加以改变。

表3-2 消极的想法与感受 vs. 积极的想法与感受

消极的想法	消极的感受	积极的想法	积极的感受
我为什么要超过"必要"这个限度进行分享呢?	敌意 恐惧	既然我想学习,别人肯定也想,何况在分享中我也能有所收获。	好奇心 希望
我总觉得他盛气凌人。	厌烦	他比较固执,我知道。	接受 惺惺相惜
既然他不分享,我为什么要分享?	恼怒	他为人也许有些傲气,这没什么——我能理解。也许我开始分享,他就会跟着分享。	好奇 希望
我为什么要把自己辛苦得来的经验送出去?	自我防卫	他也很努力,我们都一样。看我们能不能互相学习。	慷慨 开放

续表

消极的想法	消极的感受	积极的想法	积极的感受
我知道的这些东西没有什么特别之处。	自我怀疑	我的确知道一些对别人很有价值的东西。	自豪 成就感
不管他们怎么做，我埋头做自己的事情好了。	自私 恐惧	我会主动与人协作的，不协作工作就难以创造价值。我不想再发明一次"轮子"。	勇敢 互相尊重

/总　结/

团队是由个人组成的，每个人都能贡献独特的技能、知识、经验和智慧。

大胆地分享

为了每个人的利益，有效的团队经常慷慨无私地推动成员分享所知。为了做到这一点，团队成员之间需要充分信任。

积极地分享

建立信任的一个有效手段就是，开展一些积极的分享，可以从小的分享开始，慢慢积累。然后，就要主动而清晰地向大家解释，为什么分享会取得成效，以及这些成效表现在哪里。分享的形式可以很简单，比如简短的汇报会，或者会议后的讨论，只要告诉大家，"请让我们分享一下，什么有作用，什么没有作用"就可以了。先迈出第一步,开始分享得比昨天多一点,然后看看会出现什么样的结果。

/ 反 思 /

观察你的团队并思考:
- 在你的团队中有多少分享在进行?
- 大家是不是抱着自己的专业知识不放?
- 我们如何才能为正式和非正式的分享创造更多机会?
- 我在信息分享方面的榜样作用发挥得如何?
- 我们庆祝过多少胜利?

二次测评

当你实施了本章提供的解决方案之后,请再次回答这些问题,看看你所取得的进展。你如何评价你的团队在以下方面的表现?

指标	1 很差	2 差	3 一般	4 好	5 卓越
分享知识					
分享经验					
协作					
团队精神					

第四章
如何提升敬业度

- 提升团队的敬业度
- 提升团队自尊

闻之不若见之,见之不若知之,知之不若行之。

——荀子

第四章 如何提升敬业度

自我测评

在开始阅读本章内容之前，请完成下面的快速自我测评。对团队的以下各项指标你如何评价？

指标	1 很差	2 差	3 一般	4 好	5 卓越
总体敬业度					
团队自我感觉良好的程度（团队自尊）					
庆祝成功					

老生常谈的故事

罗杰有点烦了。他止住一个呵欠，眼睛在屋子里扫了一番，却没有真正注意到坐在桌边的任何一个同事。要是他能说了算，他就不会坐在这里了。在他看来，这就是一帮人凑在一起进行的又一次毫无意义的活动。他以前已经全都告诉过他们了，为什么还需要来这里重复一遍，或者再听他们讲这件事呢？罗杰负责一个大型IT项目，已经比大家往前多走了一步。他非常聪明，不得不把自己的想法给同事们讲明白，这让他感到非常沮丧，在他眼里，这些同事显然都不够灵光，根本理解不了他。他想，他们永远也理解不了。

营销经理菲丽希缇现在很烦罗杰，这从她锐利的话锋就能听出来："你为什么不能再解释一次我们这个IT安装项目

团队痛点
构建高效协作的十大关键

落后了这么多？最后期限早过了，我不明白，为什么会出现这种情况。"

罗杰马上把头转向菲丽希缇，射向她的目光同样锐利。罗杰向菲丽希缇甩出自己的回答："我以前已经告诉过你，现在再一次告诉你，你的团队没有和我们很好地合作，没有按照我们的要求及时提供信息，你们的响应不够快。"

菲丽希缇抬了抬眉毛："我已经和你讲过，如果我们不知道你们会在什么时间提出请求，不了解原因，并且没有参与进来，我们就帮不上你们的忙。我根本就不知道你们仍然需要这一信息，为什么不来联系我？"她双臂抱在胸前，有点示威的味道。

罗杰才不愿意让菲丽希缇的团队搅合进来。他的领导老是让他多与同事合作，并让同事了解最新情况，罗杰很烦听领导一次一次这么说。在他看来，这只会降低工作效率，而且他们的项目快要到最后完成期限了，没有时间这么做。另外，他所需要的全部信息，不过就是从菲丽希缇的团队得到一些额外的信息。这件事情没有那么复杂。罗杰心里想："他们只要跟上我们就好了。"

"我以为你们已经知道了。不管怎么说吧，我们有难以按期完成的危险，原因就在这里。所以，我建议，问题到此为止，后面就请你们与我们保持同步。如果我们还需要任何其他信息，我会联系你。"罗杰点点头，表示自己已经说完了，并起身走出房间，边走边嘟囔着，要去参加另外一个会议。

菲丽希缇感到沮丧、厌烦。这样的讨论已经发生了太多次，她已经听够了。"我不会再帮他了。"她发现自己与这样的同事正渐行渐远。

/问题分析/

全球性调查一再提示我们，只有不到1/5的雇员对工作完全投入。对组织来说，这是人力资本的巨大浪费，对个人来说，也是在严重浪费生命。按照盖洛普的分析，雇员可以分为三种类型：敬业的、不敬业的和消极怠工的。

不敬业的团队成员，对工作很不上心，甚至是冷漠的。他们只是身在组织，但心和情都不在位。

而那些消极怠工的团队成员则会公开表现出自己的不快和懈怠之情。

在这个案例中，虽然原因不一样，但罗杰和菲丽希缇都表现出了不敬业的迹象。罗杰厌烦必须向他人解释那些他觉得再明白不过的事情。菲丽希缇则觉得自己就是个听命于人的人，而不是受邀去参与其中。她认为对方的请求根本就毫无章法，因为她从来没有参与到这些即时性的讨论中。结果是，他们对团队和项目的投入程度都下降了。

当人们敬业度不够高时，无论是否意识到，他们都不会珍惜时间，全情投入，也不会在任何情况下都全力而为。

不够敬业，甚至表现冷漠的原因

1. 厌倦

当一个人感到厌倦，他就会"断电"，就会慢下来，显得有气无力。导致厌倦的原因有多种，如看不到做某件事情的意义和理由。这也可能是因为，他们看不到做某件事情的深层次原因，看不清大局。还有一个原因是，某件事情让人很烦，这有可能是指其内容，也有可能是这件事的来由，或者做事的环境。这种厌倦也可能与某项工作有特定联系，如感觉他们的工作或者完成的方式难以创新，难以容纳差异化的思维。重复性太强的工作容易让人心不在焉、索然无味。

2. 感觉不到重要性

团队成员感觉自己不能为组织增加明显的价值，觉得自己可有可无。他们还觉得别人看不到自己的付出，也听不到自己的声音。

不管出于什么原因，团队成员的贡献没有得到领导者或者身边其他相关人员足够的关注。他们的工作如何，带来的价值高低，没有得到足够的反馈。因为没有被注意到，就得不到认可，当取得成绩时，也没人来道贺。在上文的案例中，菲丽希缇没有被邀请参与到这个项目中主动发挥作用，她认为这就是把自己当成了一个俯首听命的人，自己没有受到和同事一样的重视。同样，罗杰也很烦恼，他本应该想到这件事对同事的影响，应该早点让同事知晓。他的老板总是在这方面提醒他，但罗杰还是没有认识到这可能导致的后果。

3. 心怀怨恨

当团队成员对老板、其他同事，或者整个组织怀有严重的怨恨情绪时，他们就会把这份怨恨之情而不是工作更放在心上。这可能是有意识的，也可能是完全无意识、自动自发的。怨恨占据了他们大部分的注意力——一边心怀怨恨一边聚焦于工作是不可能的。当对组织怀有怨恨时，他们虽然还是会来上班，但实际上已经"结账走人"了，干的活也是越少越好，能蒙混过关就行。这会影响其他团队成员，也会影响团队的工作成果。

4. 幻灭

在这个案例中，菲丽希缇就正在"结账走人"，这样的交谈已经发生很多次了，这让她非常厌倦。她已经失去了继续这样谈下去的意愿。这种厌倦感会导致团队成员产生幻灭情绪，不再愿意敬业投入。

5. 职业生涯停滞

职业生涯停滞是人们不再敬业的另外一个原因，他们担任现在角色的时间太久了，或者他们看不到发展机会。如果总是得不到提拔，也没有人向他们反馈为什么得不到提拔，人们就会产生这样的感受。

6. 缺乏掌控

如果人们感到局面不在自己掌控之中，或者难以表达意见，就会影响他们对团队的敬业程度。如果他们感到难以把握自己的境遇，就会退缩，或者与周围断开联系，产生一种身不由己的感觉。如果出现了这种情况，他们就会进入一个下降的螺旋之中，觉得自己再也干不好工作，因此不再尝试。在这个例子中，罗杰希望能掌控，菲丽希缇感觉自己失去了掌控，这让她退缩，尤其是这种情况以前已经出现了许多次。

7. 没有庆祝成功

在敬业度不高的团队中，这是一个常见的现象。领导者因为正忙于手头上的事，或者忙着准备下一件事，没有拿出时间庆祝团队成员取得的成功。他们没有停下来去庆祝一下，可能是因为他们认为这没有什么大不了的，也有可能是他们认为做得还不够好，或者没有超出预期。这种"还不够好"或者只不过刚刚实现预期的感觉，让他们觉得取得的成就还不够令人自豪。

敬业度低的影响

敬业度低，用不着团队成员明确说出任何事情，外人就能明显地感觉到。敬业度低有如下负面影响：

- 敬业度低有传染性，会像病毒一样传播。如果坐在你身边的人就不敬业，那你也很难全身心投入。想想当团队中有几个不那么敬业的人，影响会有多大吧。
- 敬业度低会导致怨恨。团队成员会厌烦那些不够敬业的人，还要承担起他们本应负担的工作。这会导致工作不均衡。
- 敬业程度低的团队，自我感觉不好。团队会发现很难对自身满意，团队的自尊水平更低。
- 当团队成员的敬业度低，工作对他们来说就不是一种享受，离职率就有升高的风险。悲哀的是，离职的员工中有一些本来可能成为敬业的好员工，他们不乐意在敬业度低的环境中工作，因而选择离开。员工离职的代价是高昂的，雇用员工，再把他们培养成高绩效员工，要花费大量时间和金钱，员工离职也会影响客户的体验。

- 当不敬业的员工在企业留下来，代价也是高昂的，因为还有几个决定商业经营成功的因素会受到影响：团队士气、客户体验、生产效率和利润率。

对业务、客户、员工和利益相关者的影响

员工敬业度影响客户忠诚度，进而影响组织收益。这件事情不容轻视。让我们看一个客户体验被员工敬业度低影响的案例。

> 某公司的财务部发生了一场旷日持久的内部冲突。冲突涉及的人员都没有对此进行很好的处理。其中有位会计人员感觉自己很受伤，很气愤，因此很难集中精力干好工作。她沉浸在愤怒之中，因此她对同事在干什么没在干什么比对自己的工作还上心。她开始在工作中犯错误，包括没有准时给客户办理退款，几次影响到一家大客户。最终这家客户受够了这样的遭遇，转走了业务。

这个例子显示出，当员工敬业度较低时，会在不同的层面造成危机，影响到生产效率、客户体验和盈利能力。

组织会为员工的全部工作时间支付薪酬。如果员工没有完全投入的话，组织就只得到了他们有限的工作时间以及能力。根据

盖洛普的数据，全世界有 87% 的员工没有做到在工作中全心投入。这意味着购买员工工作时间和工作能力的投资，只有 13% 得到了完全的回报。

这与组织最终经济效益的联系是非常强的。如果某人对团队不投入，由于病毒传播效应，其他人也很难做到敬业投入。不敬业意味着员工不会以体现他们能力水平的效率工作，只能完成有限的工作量。一个例子是，在组织变革期间，有人每天有两个小时不干活而只谈论变革的事情，落下的工作需要由他人补上。想想如果一个团队有 10 个人，每天有两小时不做工作只是清谈，每天就会浪费 20 小时。这既会影响生产效率，也会影响客户体验。

/解决方案/

在一个团队环境中要做到敬业投入，就意味着要对团队的使命做出承诺，融入团队，尽自己最大的努力工作。还意味着愿意为工作加倍努力，始终愿意"向前再走一英里"。你要像主人翁一样工作，而不是一个旁观者，无论是对待团队的使命，还是工作任务，都一样尽心尽力，以行动而不是语言来表达对团队的热情。

你感到与团队心意相连，充满了干好工作的动力，这种积极的效应也会传达给团队成员，有着正向的感染力。团队领导者需要打开他们的敬业度雷达，随时观察、评价大家的敬业投入情况。当然，这不是说提高团队成员的敬业度就只是领导者的责任，每个人最终都要为自己如何使用时间、珍惜时间负起责任。

让我们讨论一下具体应该怎样做。

方案一： 责任就是有能力响应， 榜样就是以身作则

如果你想让别人做到敬业投入，你需要从自身做起，调动自己的积极性，并感染大家。在工作中任何事情都有可能发生，有时候是好事，有时候是坏事。但不管发生了什么事情，你都应该有能力选择如何去响应（见图 4-1），这就是能负起责任。通过以身作则展现出敬业投入的确是发自你的内心，而不是取决于外界因素，就是在告诉其他人，即使我们面临挑战，同样能够保持敬业投入。虽然在某个特定的时点，你觉得自己并没有选择，但其实你有。停下片刻问问自己，对已经发生的事情要如何响应。提醒自己，因为足够珍惜自己的时间，所以要确认自己的选择是有利于团队生产力的——敬业投入当然要比不敬业投入更有利于团队的生产力。

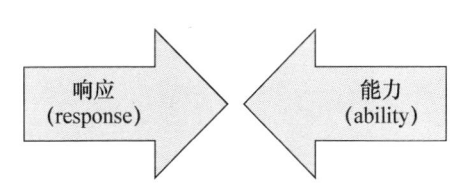

图 4-1 响应-能力模型

方案二： 清楚地沟通团队的目的和每个团队成员的职责

要与全体团队成员进行讨论，作为一个整体，大家的目的是什么。进行深度交谈，让每个人都认识到，这对其个人来说

意味着什么，让他们从内心深处、情感深处，把自己与工作目标联系起来。要确保大家有机会提问、讨论和进行澄清。

方案三： 告诉人们他们现在干得怎么样

得不到反馈，人们就会形成盲区。他们需要知道，现在自己干得怎么样，哪些事情做得好，哪些事情还可以做得更好。有些人能够自己做出判断，但绝大多数人有盲区，需要他人的反馈和帮助。一项任务完成得如何是容易评价的，但是工作方法以及这项任务的完成情况对团队、组织，甚至客户的影响较难评价。

作为领导者，你要定期给每位团队成员，以及整个团队进行反馈。如果工作做得好，要告诉他们；如果做得不够好，要帮助他们继续努力，寻找改善之道，以改善工作质量。要使反馈成为团队的基因，每次会议都要包括下列反馈点：

- 自从我们上次开会讨论之后，所做的哪些事情进展顺利？顺利的原因是什么？产生了什么样的影响？
- 自从我们上次开会讨论之后，所做的哪些事情进展不顺利？不顺利的原因是什么？产生了什么样的影响？

方案四： 让团队成员以创新的方式做好本职工作

就如何让工作焕发新的生机，召开头脑风暴会议。会议内容应该包括对那些不能增加价值的、职责重叠的、对接的流程，尤其是浪费时间的任务，提出质疑。要利用这些问题，把创新向前推进。

- 为了让工作变得更加开心有趣，我们需要做哪些改变？
- 我们做的一些事情是不是重复性的、让人厌烦的、无法带来价值的？如果是这样，能不能把它们停下来/做出改变/加以改进？
- 如果有可能的话，我们能够停下哪些事情？能够开始做哪些事情？继续做哪些事情？
- 有没有哪些任务可以在团队成员中做些调整（换一个新人来负责一项任务，会不会有新的视角和点子）？

为了让每个人都能有所收获，可以先把问题发下去，让那些有意愿的人在会前预先思考。

方案五： 要对团队成员真正感兴趣

关心每一位团队成员以及他们所做的工作，切实听取他们的想法、关注点和兴趣点。从每个人身上找到你真正感兴趣的地方。要真诚地做这件事情。当你的兴趣是真诚的，就会传达出不同的信息；对方会感觉到自己的价值感和重要性，他们作为一个人，而不仅是一个有贡献的生产要素，被看到、听到了。

方案六： 持续探讨员工的能力开发问题

不要非等着年度考评再做这件事情。要进行常规性的一对一交流，而且要确保是双向交流。与团队成员一起讨论，如何进一步开发其能力。不要想着一下子把一切都设计好。在能力开发中要有创意，不一定非得是提拔，甚至不一定是安排同级职务，可能仅仅是安排一项新的挑战，就能显著地提高敬业度。

也要鼓励团队成员之间的一对一交流。同事之间的交流学习，对于员工的能力开发能提供很强的助力。

方案七： 庆祝成功

当工作进展顺利，需要给予认可和祝贺。定期驻足思考，对已经做了什么、学了什么、实现了什么，给予认可。这可以针对个人，也可以针对整个团队。要使之成为一种习惯，把思考时间纳入每周的工作安排。时间不用很长，5 分钟或 10 分钟都可以，每个人再忙都能拿出这么点时间来。也要拿出时间来庆祝。庆祝的方式有凝聚员工的功效。至于形式，可以凑在一起喝杯咖啡、喝顿小酒、吃顿饭、举办一场活动，甚至出去旅行一次，丰俭由你，但一定要做。庆祝是件让人很开心的事情，让我们乐享吧！

方案八： 使敬业传播开来

态度和心情是可以传染的。当你与团队成员互动时，内心要记着这一点。如果你没有那么敬业，你就很有可能发现公司其他人也是如此。这种传染性还会变得越来越强。即使是老想着和议论不敬业这件事，也会让人越来越不敬业。你最好多想想如何变得敬业，这会让敬业蔚然成风。

方案九： 建立团队自尊

和个人一样，团队也会有不同程度的自尊水平。一个团队乐于协作，就更容易取得良好的业绩，团队成员也会被重视，团队就会对自身感觉良好，会有较高的团队自尊。

建立团队自尊是在团队中提高敬业度的有效手段。以身作则，做到积极响应、目标明确、及时反馈、探讨能力开发、以创新的方法做工作、表达真诚的兴趣、庆祝成功，这些方法都有利于建立团队自尊。

让我们看看如果罗杰和菲丽希缇采用上述解决方案，可以怎样做。

> 罗杰在会议室外停下了。他需要几分钟想一想，自己在会上应该如何表现。罗杰一开始没想到这件事。他从一个会场跑到下一个会场，感到有点沮丧，因为不得不反复解释同样的事情。
>
> 他停下来，做了一个深呼吸，给了自己几分钟，为应对这个会议梳理一下思路，争取取得好的效果。有了更冷静、更好的思路之后，他推开了房门，脸上挂着笑容，与坐在会议桌边的所有人眼神接触时，都微微点头。
>
> 营销经理菲丽希缇正在生罗杰的气，这从她锐利的话锋就能听出来："罗杰，你为什么不再说说我们这个 IT 安装项目为何拖了这么长时间？最后期限已经过了，我真是不了解为什么会发生这种情况。"
>
> 罗杰早有准备，因为他知道肯定得解释这个问题。罗杰慢慢转身，看着菲丽希缇，正对着她，以便有时间让她把注意力集中到自己这里。"菲丽希缇，我理解你对这件事的沮丧情绪，也想和你详细谈谈我们究竟想从你的团队得到什么样

的帮助。我们原来没有安排时间，让你了解项目的所有进展阶段，以及你团队如何参与进来，你看接下来这几天我们能不能这样做？非常感谢你的理解和支持。"罗杰很平静，"我想，有很多信息需要我们了解，如果掌握了这些信息，我们就能更快地推进项目，以便尽早完成。"

菲丽希缇耸耸肩，把目光投向老板，想让他给出某种保证。他们共同的老板对菲丽希缇点点头，示意他们就这么办吧。

"如果是问题出在我的团队这边，那我们还是尽快商讨如何解决吧，我明天有空，你看行不行？"菲丽希缇说。

罗杰马上回复："行，我没问题，我也想感谢你们的团队为这个项目做出的贡献。他们都很努力。我想我们还要让你们更好地了解整体情况，以及我们正在为之努力的目标是什么。"

菲丽希缇如释重负，向前推进的路已经有了，罗杰也已经把事情都安排好了。她准备支持他，对定在明天的会议也多了几分期待。

团队和团队领导者的行为

针对上述解决方案，表4-1列出了一些行动项。在这些行动项的支持之下，上述解决方案能够收到很好的成效。这些行动项本身发挥的所用是有限的，但是有了这些正确的行为，你就能更有效地提升团队成员的敬业度。

表 4-1　提升敬业度行动项

解决方案	行动项	成效
责任就是有能力响应，榜样就是以身作则	积极	不管发生了什么事情，不管得到了什么结果，积极的态度都有助于你获得建设性的发现，聚焦于取得更好的成果。
清楚地沟通团队的目的和每个团队成员的职责	鼓舞人 勤勉认真	有鼓舞性的人能够传达出对自己所分享内容的诚恳信任。这样别人就能从情感上接受你的信息，而不只是停留在语义理解这个层面。勤勉认真的人能够付出为人所需的时间和关爱，确保大家都能为团队尽自己的一份力量。
告诉人们他们现在干得怎么样	真诚 关爱	当真诚且关爱地给出反馈，接受者就不只是接受你的信息，而且愿意真正考虑落实你的反馈建议，愿意改变或保持那些有助于他们成功的行为。
让团队成员以创新的方式做好本职工作	倾听 好奇 开放的心态	当能怀着开放、好奇的心态倾听他人，你就能向他人表现出你重视他们的意见。但这还不是全部，你也是在认可他们的创造性思维，这能够让他们开阔胸怀，挣脱影响他们创造性能力发挥的束缚。结果他们会收获更多成果。
要对团队成员真正感兴趣	主动倾听	真诚的兴趣可以通过不同方式表达出来，但经常需要认真地主动倾听他人的想法，这样他人就能知晓你想听的是他们出于自己的兴趣想讲的东西。这可以通过语言认可，也可以通过面部表情、点头、体态、眼神接触和音调来表达。
持续探讨员工的能力开发问题	值得信赖关爱	当你对一位团队成员和他的职业生涯足够关心，你就会认真地履行关于其能力开发探讨的约定，这样也就能体现出这种做法的重要性。你关注的焦点应该是他们自己的想法和需求，而不必非得是你对他们的要求。

续表

解决方案	行动项	成效
庆祝成功	积极 热情	庆祝要兴高采烈！如果值得庆祝，你的热情就要让他人感觉到这真值得庆祝。能让大家觉得不管是谁取得成就，都是一件好事。
使敬业传播开来	热情	无论你做什么，都会影响他人的感受。敬业和不敬业同样如此。要热情但不要过头，这能反映出你的敬业精神，并使你的敬业精神更有感染力。
建立团队自尊	体贴 勤勉认真	通过体贴你会热切地期望你的团队做到最好，这意味着你希望大家干得好，也希望大家对自身的感觉好。通过认真勤勉你会努力把这些期望变成现实，你不会放弃——这种期望本身也让大家更加敬业。

团队和团队领导者的想法与感受

想要提高团队的凝聚力和敬业度，就要积极主动地汰换那些对此不利的想法和感受。

表4-2是从本章主要案例以及几个附加的小案例中反映出来的想法、其对感受的影响，以及如何才能加以改变。

表4-2　消极的想法与感受 vs. 积极的想法与感受

消极的想法	消极的感受	积极的想法	积极的感受
又是把一堆人召集在一起做无用功。	心烦 没希望	我相信这次会议有用，我也想让它有用！	希望
我以前全都告诉过他们了，我为什么还要再重复一遍，或者再听他们讲一遍？	苦恼 恼怒	我要利用这次机会，确认自己已经搞清楚了，这样我们就能继续推进，并把那些我们需要做的事情做好。	决心 乐观

续表

消极的想法	消极的感受	积极的想法	积极的感受
很明显他们没那么灵光，我的世界他们根本不懂，永远也不会懂的。	傲慢	他们不理解，肯定是我没有向他们讲清楚，我需要反思自己。	责任 乐观
我不想被人吆来喝去。	愤愤不平 生气	他们需要我的帮助，没问题，我会帮忙，看看能不能一劳永逸地解决问题。	希望 我们是同伴
他们只需要自己坚持住就好。	沮丧	我会帮助他们坚持住，看看能帮他们做些什么。	愿意帮忙
我再也不想帮他们了。	抗拒	我们是一起的。我会帮助他，并且要确认，这对我们来说都可行。	愿意帮助 希望

/ 总　结 /

团队敬业度不是锦上添花的东西，而是取得成功的推动力。

感觉彼此联系在一起

敬业且投入的员工会对他们的工作满怀兴趣。他们会献身于公司的使命，始终愿意"更上一层楼"。他们会以主人翁的姿态去履行使命、完成任务，而不会袖手旁观。他们以行动而不是言语来表达自己的热情。他们感到自己与团队是联系在一起的，这促使他们追求卓越。

他们不但身在组织，而且心和情感也归属于这里。这样的行为是有感染力的。

投入

敬业度的关键是投入。让其他人都投入进来，他们就不会感到疏离在外了。由此你也向他们传达出，他们对团队的工作是至关重要的，这样一来，他们就会把自身与团队联系起来。

每个人的责任

提高团队敬业度是每个人的责任，每个人都需要打开"敬业雷达"，并测试在某个时点，自己的敬业度有多高。每个人如何花费和珍惜他们的时间，最终要由他们自己负起责任。敬业投入，就是珍惜自己时间的一种方式。

/ 反　思 /

- 我们的团队成员相信团队实现目标的能力吗？我们团队的自尊水平如何？
- 作为一名团队成员或者团队领导者，我是不是经常改变或者取消能力开发讨论？这对我和其他人的影响如何？
- 我的行动和行为对团队成员带来了什么样的影响？
- 我在工作中是不是经常创新？我怎样讨论做事情的新方法？

会在什么时间讨论?

二 次 测 评

当你实施了本章提供的解决方案之后,请再次回答这些问题,看看你所取得的进展。你如何评价你的团队在以下方面的表现?

指标	1 很差	2 差	3 一般	4 好	5 卓越
总体敬业度					
团队自我感觉良好的程度(团队自尊)					
庆祝成功					

第五章
如何创建开放透明的团队氛围

- 提高团队成员之间及其与其他人之间的透明度
- 提高团队的开放性及其与整个组织之间的开放性

诚实就是最丰厚的遗产。

——威廉·莎士比亚（William Shakespeare）

第五章 如何创建开放透明的团队氛围

自我测评

在阅读本章内容之前，请完成下面的快速自我测评。对团队的以下各项指标你如何评价？

指标	1 很差	2 差	3 一般	4 好	5 卓越
透明度和开放性					
信任					
说出真相的勇气					
践行价值观					

愤怒的 CEO 乔治

CEO 乔治是个有脾气的人。大家都知道他暴躁易怒，在他身边，大家都会小心翼翼。

诺埃尔不知道该怎样把公司的实际收入比预期低 50 万欧元这个消息告诉乔治。这是由于预测不准造成的，只有诺埃尔注意到了这一点。大家都知道当坏消息来临时，乔治有"枪杀信使"的习惯，诺埃尔可不想成为"活靶子"。每当有人带来坏消息，乔治都会表现得怒气冲冲。诺埃尔本来应该告诉他，原来有个数字搞错了，他们没能及时修正，但是他不敢说实话。诺埃尔决定捱到下个月再说，希望到时候这个问题会神奇地自生自灭。可到了下个月，差距变成了 100 万欧元，情况越发糟糕，诺埃尔觉得自己必须采取行动了，他要把这个问题告诉团队的另一位高层管理人员特里萨。

听诺埃尔讲完以后，特里萨变得严肃起来。

"是的，这个问题必须解决，但还得再等一等。你知道，公司马上面临接管的任务，现在乔治已经忙得分身乏术了。他满脑子都是这件事情，与此不相干的事情根本听不进去。我还在想，上个月的经营势头不错，数字有没有可能变得好看一些呢？乔治对工作抓得这么紧，你很有可能惹来不必要的麻烦。你没看上周的季度分析会上，汤姆就被批得体无完肤吗？"

特里萨的问题无须回答，她让诺埃尔的担忧更甚，也让他更加确信，等一等才是明智之举。

"是的，你说的没错。他这人有点霸道，不是吗？汤姆已经尽力说得比较妥帖了，并且他的辩解不无道理，但乔治的回应是打击一大片，你没觉得从那以后，会议安静得让人感觉不舒服吗？"

"是的，我也这么认为。我感觉自己恨不得融到背景里。我的意思是，在有人受到如此猛烈的公开斥责后，谁还愿意成为下一个靶子呢？嗯，我真不知道，他究竟明不明白，他的勃然大怒会带来什么样的影响。他是不是觉得这样一来，就会让自己更强大？算了吧，我看不会。他可以把人打倒，但他改变不了事实，他看起来也不像个出色的领导。"

诺埃尔不得不承认，和乔治共事是越来越难了。

猜猜看吧，接下来会发生什么。到下个月差距变成了200万欧元，诺埃尔已经无法隐瞒了。带着沉重的心情，他穿过走廊，走进乔治的办公室，诺埃尔已经裹上自己想象中的铠甲，准备迎接愤怒的攻击。预期中的怒火迸发出来了，乔治要求诺埃尔解释，为什么不早点来汇报。

诺埃尔开始用趋势、市场变化等说辞来支应，不想再无谓地惹乔治上火，但这些都不能为乔治所接受。

离开乔治的办公室后，与乔治的这番交流让诺埃尔精疲力竭，但让他吃惊的是，乔治竟然没搞清楚他为什么没有早点汇报。"好吧，我才不会去告诉他呢，谁爱说谁说去吧！"

/问题分析/

在上面这个案例中，诺埃尔不敢把关于公司预算的真相告诉乔治。按道理讲，他应该直言不讳，但是恐惧让他顾不上道理了。由于特里萨的赞同，他甚至给自己的行为找到了合理的借口。但这只是把向乔治汇报这非来不可的时刻推迟了，这使得当诺埃尔最终不得不说的时候，乔治的反应更加激烈。

感受到了威胁

乔治的愤怒是因为感到自己受到了威胁，当看到预算没有完成时，人们有可能会小看他，作为一名领导者，他感到害怕。由于摆出了一副防卫的姿态，任何本来应该发生的明智的交谈都被挡回去了。他向"信使"下手，"信使"只好明哲保身，任何可能的解决方案都胎死腹中。

如果这样的情况反复发生，就会形成一种非常不透明的文化，人们都倾向于"护住自己的屁股"，在这种情况下，人人都会摆出防御的架势，小心地照看好自己的利益。

恐惧

诺埃尔没有直接向乔治汇报，却背后去找特里萨说，这在不经意之间制造了恐惧和不透明的涟漪效应。其他人也会知道这件事，当轮到他们向乔治报告坏消息时，也会多掂量掂量。

乔治有时是一位很风趣也很有感召力的领导者，但时不时会发火，让他的行为缺少了连续性。因为不知道下一步他会作何反应，因此大家和他在一起时会感到不自在。这样一来，乔治就有被一群"好好先生"包围的危险，大家不敢挑战他或者向他汇报坏消息。

缺乏透明度和开放性的原因

1. 不敢说出真相

因为害怕被惩罚或者被怼回来，人们不敢说出真相，就像这个案例中的诺埃尔一样。

2. 不认为人们能够坦然接受真相，或者愿意听到真相

他们也许已经从过往的经验中得出结论，那就是别人不愿意听到事实，因此他们会把信息隐藏起来，认为还是不把真相说出来更妥当一些。

3. 领导听不到团队成员的声音

如果一名领导者不去倾听大家的声音，不采纳别人的观点，人们就不愿意向他提供这样的信息了，因为他们觉得自己不受欢迎也不被重视。在这个案例中，特里萨不建议向乔治汇报，是因为当下乔治正忙于接管的事情，不会愿意听诺埃尔来说这件事情。

4. 不想挨批

挨批不是个好词，也没人想挨批。一个人如果挨过几次批，就不会再去自找不痛快了。他会担心自己的收入以及职业前景因此受到影响，这样他就不会主动分享那些不太好的信息，担心自己会因此受到指责。

5. 没有其他渠道

就像这个案例所展示的，如果我们不去向有关人员直接汇报，而是去找其他人说，就可能引发流言。诺埃尔非常需要一个倾诉的渠道，于是他选择了特里萨，这是很自然的事情，因为他觉得自己不能去找乔治。在人后嘀咕，很容易引起流言，这会让人联想到，别人是不是也会在背后这样嘀咕自己。这样一来，这种在人后嘀嘀咕咕的八卦文化就产生了。

6. 没有透明的文化

如果有了事情，包括出现问题，就进行公开讨论还没有成为规则，那就要有勇气、有针对性地与这种传统决裂。

7. 文化差异

在越来越国际化的工作场所中，不同国家和地域的文化对透明度可能会有不同的观点。在一种文化下行得通的透明做法，在另一种文化下可能是破坏性的。反馈就是这样一个例子：在有些国家，公开、诚实地向经理反馈是没有问题的；而在其他一些国家就未必如此。这种能够感知到的"文化雷区"，会让人犹豫到底要不要做到公开和透明，直到他们能够形成符合当地实际的行事规则。

8. 因为变化而无法分享

如果组织结构正经历变革，就很难保证完全透明。当面临变化时，一些信息出于各种原因需要保密，答案暂时不能揭晓，这是理所当然的。

团队缺乏透明度和开放性可能造成的后果

当失去了透明度，团队内的关键性交流就不会发生。

- 当团队成员觉得他人在对自己隐瞒一些事情，就会产生戒心和疑虑，导致流言和小道消息。
- 如果成员在团队里得不到真相，就会到别处去寻找，这意味着要花上许多时间去刨根问底。这对团队来说，就是在浪费有效时间，尤其是在团队实际已经掌握了相关信息的情况下。
- 当真相不可得，人们就免不了用自己的臆想去填补缺口。在恐惧和夸张的推波助澜之下，会导致很离谱的流言。这样的流言浪费时间，还会干扰团队成员的正常工作。
- 当一个团队的成员倾向于传播流言，彼此在背后嘀嘀咕咕时，就不会给外界留下好印象。别人很容易听到一些弦外之音，团队的声誉会因此受到负面影响，团队成员的前景和声誉也会受损。

对业务、客户、员工和利益相关者的影响

让组织越来越透明是人们日益强烈的期待。在组织内，人们总是期待一定程度的公开性。但是，由于受到组织结构等级化程度降低等因素的影响，人们现在要求的是全新性质的透明性。

首要一点是，外部利益相关者坚持要对公司内部运行有更深的了解。针对公司治理高度国际化的标准，是促进企业更加公开的另一股影响力。这意味着每个人尤其是领导者的行动和行为都会受到更严格的审查和判断。每个人都会不断地被要求"亮相""登台"。行动和行为都是可见的，并且会有后续影响。每个人都想要更多的开放性，想要能得到真相的途径。

让我们看看一家缺乏透明度的企业的案例。

> 一家被质疑的公司对外声称，它们重视透明度和公开性。
>
> 公司的销售经理预测了每季度的销售结果。到了季度末，人们吃惊地发现，实现的销售数字远远超出预期。而实际原因是这位销售经理为了超过目标拿到奖金，隐瞒了一些信息，没有将其纳入预测中。所以该公司的文化并没有那么开放，并且这种行为还使不开放的倾向更加根深蒂固。
>
> 这位销售经理认为必须超过预测才行。这也会鼓励他们隐瞒信息。
>
> 这对整个销售团队的影响是，组织的其他成员不信任他

们了，因为他们表现得不诚实，只为自己的利益着想。

　　这对顾客的潜在影响是，感到这位公司代表的行为表现与公司宣称的理念不符，对公司的声誉产生质疑。这对组织的影响是，难以实现精确的预测，利益相关者会由此认为，公司的领导不称职。

本章开篇案例介绍的就是不透明的行为对组织的经济效益产生严重影响的一个事例。

　　最近的新闻报道披露，某企业高级管理人员携家眷乘公司的公务机旅行。这可能并不触犯公司的制度，但与公司所宣称的理念并不吻合，并且当接受询问时，他们的承认也并不痛快，这样一来组织的声誉和价值观就会受到影响。

/解决方案/

让我们面对这个问题，透明度正在越来越成为人们所期盼的准则。别人透明与否你能一眼看穿；同样你是否透明，在别人眼里也是一清二楚。

就像其他管理手段一样，透明也要落在实处，成为有效的习惯。

让我们具体讨论如何做到这一点。

方案一： 说真话

要展现出说真话的勇气。这听起来简单，但要做到从容面对让人不舒服的坏消息，并不是一件容易的事，就比如在本章章首的案例中需要诺埃尔捅破的这件事情。如果能够说真话，人们就更容易记住你说过的东西，这也能更好地展现你诚信的品行。

想想你在工作、生活中认识的那些更加开放、真诚的人，他们能够做真实的自己，而不是粉饰自己的职业形象。他们对你产生了哪些积极的影响？你会不会努力向他们看齐，争取同样的效果也出现在自己身上？

方案二： 奖励透明

当你注意到某人是透明且真诚的，就要对他给予认可和奖励——这也是对其他人的鼓励。你奖励他是因为你要向他自己和其他人表明，透明是多么重要。奖励的方式多种多样，从拍肩膀到正式的奖励都可以。通过对透明表现的认可，你就可以激起连锁反应，鼓励他人群起效仿。这样你就能开始创建开放的文化。

方案三： 领导要以身作则

领导要以身作则。如果你是一名领导者，请做下面的快速自省，看看自己对透明度这个问题是否重视，自己还需要关注哪些方面。

下列这些因素在阻碍你和你的团队做到开放、透明。

- 不敢说出真相
- 不认为人们能够坦然接受真相，或者愿意听到真相
- 领导听不到团队成员的声音
- 不想挨批
- 没有其他渠道
- 没有透明的文化
- 文化差异
- 因为变化而无法分享

方案四：主动与利益相关者接触

思考你的主要利益相关者，通过下面的思维图分析，来确认谁是你的主要利益相关者（见图 5-1）。

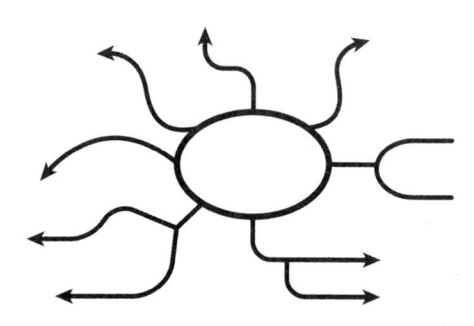

图 5-1　思维图

然后问你自己：他们的兴趣点在哪里？他们为什么想让你透明一些？无论他们出于什么原因，这都要求你主动进行分享，因为如果老是让他们盯着你要信息的话，那你给他们留下的印象就是不够透明，甚至认为你在故意隐瞒信息。

方案五： 透明地回答问题

在一个变化的时期，由于问题还没有答案，或者公开沟通还不太合适，始终做到透明也未必可能。这个时候，透明就是保持诚实的态度。

下面是一些简单的建议。

透明地回答问题的四个原则：

（1）回答问题。

（2）如果你不知道答案，如实相告。

（3）如果你现在不能回答，那就做出承诺，当能回答时，及时兑现。

（4）如果你知道答案，但是现在还不能说，那也如实相告，并承诺在可以的时候与对方分享信息。

方案六： 有透明的价值观

一个组织要有一些构成其文化的价值观。为了适应当下和未来的需要，组织需要开放和透明的价值观。也许在你公司的价值观中，已经有了类似的表述。

下一个步骤是澄清在你的工作场所中，透明在个人、团队和组织的层面，各有什么具体含义。你需要澄清：这对我们来说意味着什么，我们究竟应该怎么做。

它听起来，应该是像下面这样的表述：

- 个人：我会以一种有助于他人的方式分享我的观点，即使这些观点与他人的观点相左。

- 我们会告诉彼此，我们在做什么以及知道什么（我们的工作机密），无须遮遮掩掩。
- 我们还会邀请其他利益相关者来看我们如何工作和操作。

要认识到，做到开放和透明，总是需要勇气，尤其当透明还不是组织文化的要素时。

方案七： 把透明作为强制性要求

有评价才会有落实。

如果你想要大家做到透明，那就要把透明设定为目标。要找到透明和成果之间的依存性，也即它们之间的联系。要让人们看到，在工作中秉承开放和透明，能使他们有更多的工作收获。有效的目标是由两部分构成的：需要达到什么，以及如何去达到。

在考核工作绩效和确定薪酬时，成果和实现成果的方法要放在同等重要的位置。透明是工作方法的要素之一，在目标过程中要清晰地定义，也要为工作方法设定目标。

背后议论会导致流言文化，要在你的团队中避免这种现象。

（1）通过直截了当的询问来了解别人正在讲的内容，以形成明确的认识。不要听信传言。

（2）互相之间直接反馈，避免背后说事。

（3）在与他人交谈时，要鼓励他们把其真正想说的说出来，要确立合适的做事方式，以体现尊重。

第五章 如何创建开放透明的团队氛围

让我们看看如果诺埃尔和乔治采用上述解决方案，可以怎样做。

诺埃尔知道自己只有鼓起勇气，才敢去向乔治说这件事情。对这 50 万欧元的赤字，乔治肯定不会高兴，但是如果再拖下去的话，这个数字只会更难看。

诺埃尔走进乔治的办公室，乔治漫不经心地朝他点了点头，指指椅子，请他坐下。

"嗨，诺埃尔，怎么了？"

"我知道你很忙，接管方面有许多事情要做，但是我有一件很重要的事情需要向你汇报。"说到后面，诺埃尔放慢了语速，以强调事情的严重性。

这引起了乔治的注意。

"谢谢你，乔治。我发现预测的销售数字出了点问题，这意味着，我们现在实现的销售额比预测少了 50 万欧元。我必须承认，我很犹豫要不要告诉你这个消息，因为以前当你听到不好的消息时，反应太吓人了。"

乔治放下手中的笔，把双臂抱在胸前。

"在上周的季度总结会上，当汤姆对你说实话时，你朝他吼了起来，所以我今天来向你汇报之前，花了挺长时间才做出这个困难的决定。但我还是来了，因为我觉得你其实是一位好领导，你应该知道这个情况。我们越早采取措施越好。"说完后，诺埃尔等着看乔治如何回答。

乔治沉默了一会儿，开口说道："我很不高兴。"他气恼地在桌面敲着钢笔，然后又停了几分钟，这对诺埃尔来说就像几个小时一样漫长。

几分钟过去了，乔治的脸色慢慢变了过来。他不再像刚才那样气恼，事实上，他看起来有点累。

乔治理解诺埃尔这是想帮他，他应该听他讲讲。乔治也这样做了，通过交谈，他认识到了自己的行为模式，以及人们对向他报告坏消息这件事有什么样的感受。他真没想到，自己的反应会产生这样的效果。所以经过一段时间的静心反思，乔治决定在与团队成员交谈时有意显得弱势一点，再开放一些，并向他们解释自己为什么会有这样的反应。乔治原以为自己显得严厉一点，有利于促进他们解决问题。他认为这是自己显示权力、实现工作成果的途径。

当乔治展现出开放的态度，并且对方也说出了作为接收者的感受，他感到很震惊。这让乔治恍然大悟，因为对此他以前根本就没有察觉到。

与团队成员交流的渠道一打通，也能让大家一起来思考如何解决这50万欧元赤字的问题，并拿出解决方案。这意味着这个赤字不会再变大了。

团队和团队领导者的行为

针对上述解决方案，表5-1列出了一些行动项。在这些行动项的支持之下，上述解决方案能够收到很好的成效。这些行动项本身发挥的所用是有限的，但是有了这些正确的行为，你就能更有效地在团队内促进透明和开放氛围的形成。

表 5-1　营造透明开放氛围行动项

解决方案	行动项	成效
说真话	展现勇气	几乎每个人都会仰慕英雄。如果有人敢说真话，会让其他人也为之一振。有勇气这样做，能够显示出力量，说明你不怕发出诚实的声音。
奖励透明	善于倾听、观察	善于观察能让你注意到什么时候人们做到了透明。当你对透明的行为给予奖励，就会产生示范效应，其他人会纷纷仿效，你就会促成更开放的文化。
领导要以身作则	负起责任	当能为自身的行动和行为负起责任，就会考虑到这给他人带来的影响，并能够控制这种影响。领导不能随波逐流，要通过掌控自己的行为来引导他人。
主动与利益相关者接触	感兴趣	当你关心利益相关者，你就展现出了对他们的重视，以及由此体现出的信任，有助于你管理好与他们的关系，以及彼此的业务关系。
透明地回答问题	展现勇气	有勇气告诉别人你也不知道答案，这会令人耳目一新。很多人会虚与委蛇，不愿实话实说，这样的话人们根本听不进去。当你展示出勇气，你就建立起信任，人们就愿意听你的，实话实说很重要。
有透明的价值观	善于思考	要认真思考透明的价值，以及它如何支持业务开展，你要确保自己能够认识到其中的联系，并且能够让更多的人认识并做到透明。
把透明作为强制性要求	勤勉认真	当既关注透明的方式，也重视透明的内容，人们的行为就能出现变化。如果你能考察这种变化，并对透明的行为给予奖励，你就能看到团队成员行为上的变化。

团队和团队领导者的想法与感受

想在团队内创建开放透明的文化,就要积极主动地汰换那些对此不利的想法和感受。

表5-2是从本章案例中反映出来的想法、其对感受的影响,以及如何才能加以改变。

表5-2 消极的想法与感受 vs. 积极的想法与感受

消极的想法	消极的感受	积极的想法	积极的感受
我不知道该怎么把这个坏消息说给乔治听。他有"枪杀信使"的习惯,我可不想"挨一枪"。	紧张	我要去和他讲,要让他听到真相,我想他也愿意解决问题。	坚定 乐观
他有些霸道,不是吗?	恐惧	他有脾气,但不是个坏人。	接受 理解
与乔治共事越来越难了。	沮丧 犹豫	他总是举重若轻,我应该向他学习。我相信他是没有意识到他对我产生的影响,也许我能帮助他看清这一点。	乐观 坚韧
如果我的经理汇报的是比预期更低的数字,那我也必须这么做。	不确定 焦虑	我必须做我认为正确的事情。	勇气
和他说也没什么用,他不会听的。	无助	我会去对他说,这次情况不一样,我相信我有办法让他听进去。让我想想他需要什么,这有助于我专注地思考如何让他听进去。	开放的胸怀 好奇

第五章　如何创建开放透明的团队氛围

/总　结/

在企业中，透明正在快速变成受人期待的行为准则，并且人们的期待正变得越来越强烈。提高透明度能够带来很大的益处，而不能达到更高程度的开放也会有相应的后果。如果已经达到了一定程度的开放，那还要继续努力，未来对开放的需求还会更高。

后果

如果不致力于让团队变得开放，就会造成许多后果。有些组织因为开放程度不够高，搞出了许多"故事"，媒体上这类报道屡见不鲜，其后果可能是灾难性的。

自上而下

在任何组织，开放都应该自上而下进行，你的级别越高，就越应该身体力行。团队成员会把这些看在眼里，会模仿和呈现他们的领导及同事所展现的行为。这很自然，在生活中，我们都会模仿别人；无论是好榜样还是坏榜样。但是当自上而下的示范作用得到很好的发挥，就会在组织中形成正面的涟漪效应。

/反　思/

- 你的团队开放程度如何？你和你的团队有没有充分地展示你们希望从其他人那里听到公开而诚实的观点？

- 当别人对你开放时，如果不喜欢他们所说的，你会如何反应？
- 当他人对你开放时，你能为你的行动及其对他人的影响承担起多大的责任？
- 你对其他团队成员能在多大程度上做到开放透明？有哪些有利因素和不利因素？
- 你个人以及团队如何鼓励透明开放？

二次测评

当你实施了本章提供的解决方案之后，请再次回答这些问题，看看你所取得的进展。你如何评价你的团队在以下方面的表现？

指标	1 很差	2 差	3 一般	4 好	5 卓越
透明度和开放性 信任 说出真相的勇气 践行价值观					

第六章
如何鼓励长期思维

- 提升团队关注长期的能力
- 提高团队对工作策略必要性的认识,并思考决策和行动的影响

> 你越是追逐短期绩效的耀眼光环,就越是难以得到长期结果。
>
> ——沃尔特·卡博特(Walter Cabot)

自我测评

在阅读本章内容之前,请完成下面的快速自我测评。对团队的以下各项指标你如何评价?

指标	1 很差	2 差	3 一般	4 好	5 卓越
聚焦长期					
后果分析					
对竞争和市场的认识					
目标的清晰性					

始终处于变化中的团队

布里奇特已经快马加鞭地工作了很长一段时间,需要放松一下喘口气。她让助理在工作安排中预留了一小时的思考时间。现在这个时间已经过了5分钟,她冲进办公室,关上了身后的门。关门对布里奇特来说很少见,因为她总是想向大家示意,她是随时能找到的领导。

布里奇特在一家国际电商巨头公司负责物流。公司成长速度很快,这意味着她的团队始终处于变化之中。新员工的不断流入是变化的一部分,因为公司的成长速度和员工离职率都高。最重要的是,公司的发展成长还意味着,员工每隔一段时间就要去适应新的流程和新的业务伙伴,这也处于不停的变化中。如此快速的变化,意味着他们只能看到下月的情况，再往后就难说了。他们看到有这么多人不断进进出出，几乎是过一周算一周。对布里奇特和她负责的业务来说，这是一个需要长期面对的问题。布里奇特因此产生了一些自我怀疑。

变化层出不穷，因此人们只好只关注今天的成功，长期的愿景仍然有效，但人们看起来已经迷失了方向。

"无论我说了多少次都没有什么效果，他们只顾着处理眼前的事情，我当然也希望他们做这些事情，但这样一来，我们就会耽误一些其他事情。我内心也很矛盾，找不到未来的焦点，我也很沮丧，但我知道我必须把这件工作做好。我能感到自己内心的紧张正在不断积累。我觉得既然我是这样，别人估计也会有这样的感觉。"

布里奇特站起来，走到窗前向外望，感觉看到了不一样的东西：

"我刚才和拉里的交谈很有趣。他指出，人们只谈眼前，不谈将来，是因为他们觉得说不定下周情况就变了，所以想又有什么用呢？而且我有感觉，在我的直接下属中，不止他这么想。我也注意到了这个情况，我总是想让他们抬起头看看长远，但没有得到我想要的回应。也许，对于我们作为一个组织想要实现什么目标，我和他们沟通得还是不够。他们需要认识到的是，如果想要脱离现在这种狭隘、保守的工作方式，就必须以不同的方式操作和行动。

"现在我们吸引了很多关注。我们的成长吸引了投资者的目光，这就意味着，我们必须非常明确地把此时此刻的工作做好。要为未来的发展，保持好现有的经营成果，除了实现卓越的运营，我们承担不起其他的可能性。大家必须认识到这一点，并帮助我一起来实现这个目标。我对他们有些失望。

"我又能怎么做呢？"

布里奇特看看腕上的表，预定的思考时间刚过去30分钟，何况她还晚开始了5分钟，但她觉得自己只能花这么多时间了。又一项危机迫近了，像以前一样，必须要优先处理。

/问题分析/

在上面的例子中，布里奇特很明显在为团队成员缺乏对未来的关注感到沮丧。她觉得自己已经就这个话题说了很多，却没有收到预期的效果，人们的行动和思考方式并未因此而改变。

短期心态

业务发展带来的不断变化导致了短期心态的形成，人们只是专注于完成手头的工作。新人不断流入，流程一直在变，这意味着任何更长期的思考都难以为继。这从布里奇特自己身上也能看出来。她没有意识到她自己的行为表现也与自己的期待南辕北辙，这成了问题的主要部分。虽然她说的是希望自己下属的思路要开阔宏观一些，但她自己也没有身体力行。就连她给自己规定的思考时间，本来是为了能够退后一步扩大视野解决未来的问题，也因为其他一些紧急事务而被缩短了。

不断发生的变化

下属的实际状态是怎样的，拉里的描述给出了一个粗线条的版本。等到信息传给布里奇特的时候，拉里已经把问题的烈度调低了，只是把事实传递过来，而淡化了其中的感情色彩。当员工说，他们抓不住当前工作的重点和意义时，也说明他们在某种程度上在放弃，这会降低士气，并在某种程度上导致员工离职，这又会导致更大量的新员工流入。这成了一个恶性循环。团队因此处于不断变化之中，并且改变了团队的动态格局。

团队成员只聚焦于短期工作的原因

1. 把报告期设为月度或者季度

在任何组织中，汇报短期工作成果都是有必要的。但是太多的短期汇报会导致团队成员只关注短期结果，而不考虑行动的长期效果。

2. 想看到大局有困难

如果团队成员不能看到大局（公司的长期愿景和雄心），他们就难以理解今天的行动会造就未来的什么结果。严格说来，这个问题让人感觉有点复杂，偏理论化，也难以理解。

3. 对市场不够关注

没有让员工拿出时间用于战略性的业务思考，分析外部市场和竞争的影响，而只是催促他们把时间用在当下的战术性任务上。

4. 持续变化

当环境处于不断变化之中，团队成员可能就看不到把目光放长远的意义何在，因为他们预计，到时候情况又会变化。

5. 过于强调紧急事件

很多组织都有一种"救火"文化，那些重要的事情总是会被急事挤到一边。因此团队成员很自然地就会更关注"谁喊的声音大/哪件事的动静大"。这导致他们最关注的是把自己这里的"火"先扑灭，而不是去思考其他更深远的东西。人们只是一味地忙，这甚至成了文化的一部分。人们会以忙为荣，不想被别人看到自己"慢腾腾"的，或者思考一些重大事情。

6. 目标和奖励不看重长期

如果按照短期目标对团队进行考核，人们很自然地就会按指挥棒而动。有考核才会有落实。如果没有对长期思考给予奖励，他们也就得不到鼓励去改变自己的行为。

7. 目标没有得到澄清

如果一个团队不清楚自己的目标，就难以把握全局，并找到自己的合适位置，也就难以认识到当前自己所做工作的长远影响。如果你不能清晰地掌握所有团队成员的情况以及每个工作角色对公司的贡献方式，你就会倾向于孤立地专注于自己的工作任务。

在团队中只关注短期带来的影响

如果只关注短期，就会存在一种风险，那就是每个人只对自己今天需要完成的工作感兴趣。短期救火式工作会造成一种匆忙的和被动反应式工作的文化。这就有可能造成工作错误，甚至员工身心的耗竭。

● 所有决策能力都取决于对结果进行评价的能力。如果失去了长期焦点，团队就很难决策，因为难以判断决策的后果。这样一来，重要的决策就会延误，甚至难以做出。

● 由于不知道自己的工作会对团队其他成员的工作以及公司的整体工作产生什么样的影响，当团队成员一门心思去完成自己的工作目标时，就会有导致更大冲突的危险。

● 当团队成员看不到自己的工作后续会产生什么样的效果，也看不到整个公司的大局时，他们就会感到沮丧。这会导致团队成员遇事退缩，只顾闷头干自己的工作，对工作不再投入，彼此之间的合作程度下降，甚至工作成效也达不到应有的水平。这最终会影响到所有工作的效果。

对业务、客户、员工和利益相关者的影响

不考虑大局，不做长期思考，或者没有正确的规划以及深思熟虑的方案，会付出沉重的代价。但团队成员都孤立地工作，或者都认识不到他们的工作彼此会产生什么样的影响，对客户、商业伙伴以及利益相关者产生什么样的影响，代价就会越来越大。短期思维从本质上讲就是聚焦于现时现地的任务，使人们陷于具体事务中，忘记工作的大目标，也难以对最终结果负起责任。每个人都忙，但未必在忙正确的事情，未必遵循了正确的次序，未

必是因为正确的理由。人们很少会安排一段不受打扰的必要时间，来通盘考虑计划和行动，及其可能导致的后果。

让我们看一个例子。

> 一家呼叫中心采用计分卡考核，其中一个指标是每次通话的时长。考核的导向是时间越短越好，以便能接听更多来电。虽说本意很好，但这种考核方式实际上鼓励员工尽快结束交谈，以得到更好的绩效评分。后果是，由于电话交谈太过匆忙，接线员根本就没搞清楚客户的问题，问题当然无法解决，不满意的客户还得再次来电。这导致了更多的来电。
>
> 结果是造成了负面的客户体验，这导致摩擦，以及本来可以避免的来电的直接成本。这个案例说明，当员工只关注孤立的问题，而不是努力去理解客户"故事"的全貌，以及他们自身行动的影响，会造成什么样的问题。

就像这个例子所展示的那样，短期的、视野狭窄的思考带来的最大的问题之一就是，那些困于这种心态的员工对组织的理解会发生偏差，这种偏差又会导致不良的后果。

如果长期战略始终在变化，而组织又没有向客户提供理解变化发生原因的渠道，客户就会以另外的方式受到影响。如果客户不理解为什么要有这样的变化，而且没有建立起可行的联系渠道以帮助他们了解，他们对公司的忠诚度就会降低，最终可能会把业务转给其他合作伙伴。

下面是工作受到短期思维支配的另外一个例子。

> 一家医院的急诊科把缩短病人的候诊时间作为一个目标。

医院的工作人员很清楚，有时候这是一个不太现实的目标。因此，他们只好用"挪窝"的办法来实现目标。有时候他们把病人转到急诊科外的其他科室去诊治，仅仅为了实现目标。实际上，对解决长期性问题，他们没有采取任何措施，只是想出了一个短期的权宜之计。这根本无益于改善病人的体验，或者提高诊治效率。

/解决方案/

长期的、全局性的思考，或者整体性的视野，难以自然而然地获得，这需要有意识的努力。在布里奇特的例子中，她有解决短期思维这一问题的意识，但还是放任本来用于改善这一问题的时间被这天发生的紧急事件占用。

鼓励有助于形成长期思维，长期思维也完全是可以培养出来的。

让我们看看如何具体实现这个目标。

方案一： 平衡短期汇报和长期汇报

关于目标和结果的短期与长期汇报都要给予重视。短期和长期汇报要结合起来运用，才能让人们对业务成功形成正确的理解。

方案二： 培养着眼长期进行思考的能力

要培养员工正确理解因果关系，以及自己的行动与行为对利益相关者和结果产生了什么样的影响。要做到这一点，一个快速而有效的方法是，审视一下你的待办事项列表，思考这些事情有什么长期和短期影响（正面影响或者负面影响），表6-1的影响矩阵可以给你一个初始的思考框架。

表6-1 影响矩阵

要做的事情	短期影响（正面和负面）				长期影响（正面和负面）			
	人		地球	利润	人		地球	利润
	团队	客户			团队	客户		

方案三：研究竞争和市场

在团队中分享商业信息；互相学习。阅读商业新闻，与其他业内人士交流，向他们学习。加入外部网络。研究你所在的产业，研究你的市场，研究你的竞争对手。

问自己下面这些问题：

- 某地正在发生的情况我需要掌握吗？
- 某地正在发生的情况需要我们这个团队掌握吗？
- 对于那些现在还不清楚的事情，我们还有什么需要思考的？
- 我们是更讲战略还是更讲战术？拿出待办事项列表思考一下：列出的事情哪些是战略性的，哪些是战术性的？我们更应该把时间花在哪里？

方案四：做一个 "时间猫头鹰"

对于如何利用自己的时间，要像猫头鹰一样有智慧。

你是聚焦重点，还是只顾回应那些紧急的事情？

每一天、每一周、每个月、每一年，都要做好规划。珍惜你的时间和团队的时间。拿出固定时间进行反思和战略思考，确保你做的事情都是有用的、有价值的、相关的、有长远考虑的。要督促自己把目光放长远一些，并且要坚持这么做下去。

为重要的优先事项安排时间，而不是一天天随波逐流，冒出了哪件急事，就赶快去做哪件。如果能够这样做，你就能从日常事务中抬起头来，去考虑全局。

如果你是团队的领导者，要认识到，你是定调子的人，你是榜样，其他人会效仿你。所以要问自己：我是怎么利用时间的？

方案五： 制定团队目标和奖励方案

要制定短期和长期的团队目标。短期目标能够让团队成员聚焦于当下发生的事情，长期目标能让他们看到大局。当人们既有长期目标又有短期目标，就会更多地思考当下正在做的事情，考虑今天的行动对未来会产生什么样的影响。人们会想：我今天所做的事情，是如何把我引向更大目标的？要能看到联结今天的工作与未来长期目标之间的那条红线，以及它如何贡献于公司的整体愿景和目标（见图 6-1）。

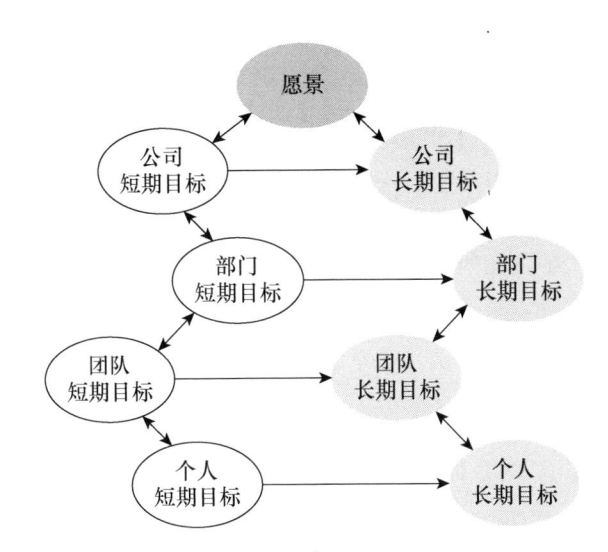

图 6-1 短期目标、长期目标与愿景

把奖励与认可和目标联系起来，对那些进行长期思考的人给予奖励和认可。这会鼓励你所期望的行为。

方案六： 传达总体目标

要保证每个人都了解团队的总体目标。

- 要多花时间在一起，使目标在团队层次上可以实现。
- 从每个人的角色/任务到团队的目标，再到整个组织的愿景和目标，要让贯穿其中的红线更清晰。
- 有时候，你需要清晰地理解这条红线以及经中的联系。你可能需要对它进行解释，并把其联系起来，让大家能够理解。你很容易想当然地认为，人们肯定已经清楚了其中的联系，但你还是要说明白，以免含糊不清。这也有助于人们以后能够自己去搞清楚其中的联系。

方案七： 为团队花时间

要为团队花时间，即使团队正处于变化之中。当一个团队处于快速变化中（比如布里奇特案例中的团队），人们就会受到各种干扰，难以投入时间凝聚团队，因为他们觉得反正团队总会变化，投入了时间也未必管用。但是除非你采取措施，否则人员就有加速流失的危险。做这件事可以很简单，比如你可以把人员快速集合起来，花上 15 分钟就某件事情交换认识，你也可以投入合理的时间以推动真正的大变革。在一些团队里，连那些牵涉大量情感的变革主题也只能在工作日程表上安排较短的时间，比如 30 分钟。这当然比排不上队强，但如果那些与长期变革有关的工作主题在时间安排上只能削足适履，员工就难以有深刻的感受，也不会真正理解。你可能觉得团队对这些问题已经深入地讨论过了，但是如果不能让大家与之建立起情感上的联系，真正的理解就未必能够实现。任何持久、真正的转型变革，都必须得到情感上的认同和支持。

方案八： 用长远眼光看待团队成员

如果你是一位团队领导者，那么没有一位员工会永远是"你的"。员工只是暂时"借给"你的，你负有培养他们的责任，也有更好地运用这些人力资源的责任。你要宽厚地对待他们，要想到你承担着集体性的领导责任，要以长远眼光来看待这些人力资源,即使他们以后未必在你的领导之下。如果所有领导者都能负起这份集体性责任,那么大家也将从未来的员工那里得到回报。

方案九: 让大家建立大局观

要在保持全貌的前提下,把关于公司远景的大画面分解成多个较小的、可理解的、可操作的部分。让大家看到,那些小的部分是如何与大系统配合的。一次拿出一个小部分,把它解释清楚,指出其中的相互联系。采取分步骤的方法,建立起一个从今天到未来的宏观发展图景,并向大家介绍你是如何在今天和未来之间建立起联系的。画一个路线图,围绕它展开讨论,讲一个由此生发出来的故事,使之易于理解,并让人们体会到其中的含义。

故事能够帮助人们与对象建立起强有力的情感联系。

让我们看看如果布里奇特采用上述解决方案,可以怎么做。

> 布里奇特及时赶到了办公室,没有耽误她给自己定好的战略思考时间。她很享受这段没有人打扰的时间,这已经成了她的习惯,对这段时间,她要优先加以保证。
>
> "与以往一样,公司还是面临各种变化。我们还是存在仅仅关注做好眼前工作的风险。不过,我能看见我们已经开始改变这种现象了。有越来越多的人关注长期愿景,表现出他们正在为实现这个愿景做出自己的贡献。我知道自己已经花了许多时间来考虑这个问题,也已经和团队成员讨论过,并且我可以欣喜地说,这也收到了成效。我对已经取得的进展

感到很满意。

"我还记得以前拉里和我说过,他的团队是多么疲于应付变化,以及这如何影响团队成员的敬业度和他们的心态。

"我们做到今天这个样子,得益于一些很好的推动力。我们日常的工作任务和采用的策略都是正确的。团队能够停下来,驻足思考当前与未来的联系,这让我很满意。我上周受邀参加了一次这样的会议。我看到团队开了一次危机会议。他们把所有互相之间存在冲突的各种优先级事物都列在一张图上,然后依据一张计划图来重新确定优先次序,这张计划图以前就用过,现在又加上了长期影响这一栏。我非常高兴他们能够这样做,就把我的态度告诉了他们。我的评价让他们很激动。我得承认,我的心情也不错。"

布里奇特用剩余的时间来思考,她已经看到了变化,并关注她正在制定的未来 5 年的规划。她还需要保持实事求是的态度,以确保不会落入危机的陷阱。这些危机都正堆在办公桌上大喊大叫想吸引她的注意力呢!

布里奇特看看手表。她的时间到了。她本来还应该再花点时间,但她知道还有其他事情需要关注。于是,她果断站起身来,赶去和她的运输团队一起开一个跨层级会议。现在她需要去了解有关当前国际航运状况的信息了。

团队和团队领导者的行为

针对上述解决方案,表 6-2 列出了一些行动项。在这些行动项的支持之下,上述解决方案能够收到很好的成效。这些行动项本身发挥的所用是有限的,但是有了这些正确的行为,你就能更有效地鼓励团队成员进行长期思考。

表6-2 鼓励长期思维行动项

解决方案	行动项	成效
平衡短期汇报和长期汇报	耐心 勇气 承认自己与他人不同并坦然接受	用耐心表明你对长期思维是认真的。你能勇敢地等待未来的成果,而不是追求当下的满足。当你与人们谈论长期的关注焦点时,人们能看出来你是认真的。
培养着眼长期进行思考的能力	表现出真正的兴趣	当你展现出对培养他人的兴趣时,你就是在鼓励学习。每个人都想被别人听见、看到。有些人不确定是不是应该进行长期思考,如果你能拿出时间来培养他们,你就是在向他们展示长期思维的重要性。
研究竞争和市场	有好奇心	对我们身边的世界自然怀有的好奇心,能让我们饶有兴致地去做这样的研究——你确信自己可以为此抽出时间。这也能鼓励其他人效仿你。
做一个"时间猫头鹰"	严格 驻足思考	对自己要严格,要迫使自己抽出时间来进行前瞻性思考。当你收获了奖励,并能与你的团队成员分享,就能帮助团队成员,让他们也做到这一点。这对提升团队的形象也很有利。当其他团队看到你们已经把焦点转到了与未来的联系上,他们也会有样学样。这样你就创建起了长期思维的文化。

团队痛点
构建高效协作的十大关键

续表

解决方案	行动项	成效
制定团队目标和奖励方案	负起责任 有决心	通过设置符合实际的目标，使成功和失败的概率对等，就能激励团队成员"跳起来摘桃子"。实现团队目标后能得到奖励，有助于在团队内形成互相支持和分享的氛围。作为一名团队领导者，你要展现出实现自己目标的决心，努力成为一个负责的人，并在这一过程中以身作则。行胜于言。
传达总体目标	受到鼓舞 "描绘蓝图"	如果你真正被目标所鼓舞，其他人就会感受到你的真诚，也愿意受到同样的鼓舞。有了对团队目标的感受，知道团队目标将会带来什么，你就能描绘出一幅蓝图，让团队成员真心接受，并为之受到鼓舞。
为团队花时间	严格	当你能够信守承诺，把时间花在团队上（团队会议、研讨等活动），你传达的信息就是，你对此很重视。
用长远眼光看待团队成员	宽厚	可以把这想成是因果关系那样的现象，有播种就有收获。当人们看到你对他们付出的诚意（无论采取什么样的时间安排），他们都会感激，并且想着回报。这种回报可能表现为自己对团队的归属感增强，也可能表现为愿意介绍别人加入，或者两者兼而有之。
让大家建立大局观	受到鼓舞 使用案例	当你对构成公司宏伟蓝图一部分的工作感到很受鼓舞，并将其传达出去，而且能够把这些工作如何促进全局工作也说清楚，其他人就会产生浓厚兴趣，对工作的投入感和忠诚度也会变得更强。

团队和团队领导者的想法与感受

如果想要在团队内鼓励长期思维，就要积极主动地汰换那些对此不利的想法和感受。

表6-3是从本章案例中反映出来的想法、其对感受的影响，以及如何才能加以改变。

表6-3　消极的想法与感受 vs. 积极的想法与感受

消极的想法	消极的感受	积极的想法	积极的感受
我谈论多少次好像没有多重要。	失望	我相信他们会听我的。我会再说一遍，这次我要有所改变，争取效果更好一点。	决心
情况一直在变化着，我看不出长期思考有什么意义——没有什么是长期的。	绝望	我必须让其他人放长眼光。我会让他们的想法从今天向未来"成长"，在这个过程中我会带着他们一步一步走，最终他们会思考长远。	坚韧
长期的愿景仍然有效，但可惜人们已经丢弃了。	沮丧	长期愿景仍然有效，我要思考如何让人们注意到这一点。	希望
变化太频繁了，把眼下的工作做好才最重要。	沮丧 失望	我相信大家会尽其所能。并且我认为，如果我们现在开始对长期和短期一视同仁，我们就能同时聚焦这两方面。	希望 决心
我没空想这个，我得赶快"救火"。	压力	让我们拿出点时间思考。这样我就能把当下的"火"灭掉，还能确保以后不再发生。	掌控

/ 总　结 /

全局视野

企业和企业领导人具备全局视野是非常关键的，要能看到整个"图景"，并认识到整体业务的各个组成部分是如何互相配合的。对于团队来说，这就要求把目光投向团队之外，认识到在整个组织中，自己的团队是如何发挥作用、影响顾客体验和整个组织的价值主张的。这包括对可持续发展的思考，这是对事关组织业务长期发展的三重底线（triple bottom line）进行深入思考的能力：人、地球、利润（不只是通常的利润这一个底线）。解决方案二中的影响矩阵就包括了这种可持续发展思维。

以长期观点对业务进行思考包括，要能够评价影响，而不只是围绕一个孤立的局部问题进行决策并采取行动。

忙碌

每个人都很忙，但仅仅忙还不值得赞美。如果不是在正确的时间忙正确的事情，就只是在虚度光阴。长期成功需要长期思维。这始于退后一步，静心思考，并且要定期对全局进行审视。

/ 反　思 /

- 我有没有拿出足够的时间对团队和工作的长期方面进行思

考？拿出的时间够不够？
- 我在战略和战术上投入的时间比例是否合理？
- 我的团队是不是在为忙而忙？如果是这样的话，我们能不能通过更好的长期思维，收到事半功倍之效？
- 我的团队成员对团队的目标是否清楚？
- 我的团队有没有平衡的目标？
- 我如何鼓励大家形成长期思维？

二次测评

当你实施了本章提供的解决方案之后，请再次回答这些问题，看看你所取得的进展。你如何评价你的团队在以下方面的表现？

指标	1 很差	2 差	3 一般	4 好	5 卓越
聚焦长期					
后果分析					
对竞争和市场的认识					
目标的清晰性					

第七章
如何塑造团队美誉度

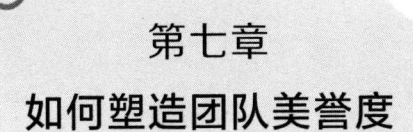

- 强化团队的形象意识
- 增强团队成员对团队业绩表现和团队品牌的责任心

人们会忘记你说过的话,忘记你做过的事,但永远不会忘记你带给他们的感受。

——玛雅·安吉罗(Maya Angelou)

第七章 如何塑造团队美誉度

自我测评

在阅读本章内容之前，请完成下面的快速自我测评。对团队的以下各项指标你如何评价？

指标	1 很差	2 差	3 一般	4 好	5 卓越
你的团队的美誉度					
为美誉度负责					
团队身份和品牌的清晰度					
积极的行为					

不可能的任务

罗杰的团队是隐形的。人人都知道他们是一个系统开发团队，但是他们非常低调，情况往往是，直到他们快要完成项目时还没有人知道他们到底在做什么。因此，似乎总是在突然之间，他们每件事情都变得十万火急，给他人设定的完成期限近乎不可能，沟通中也充满了压力。

最近一份申请发到财务部负责人詹姆斯的邮箱里。当詹姆斯读到这份申请时，几乎已经到了任务的最后期限，需要采取紧急行动才能完成。他被气得面红耳赤。这不是罗杰和他的团队第一次给自己这种不可能完成的任务了。詹姆斯觉得这真是够了，必须去找罗杰当面谈谈。

詹姆斯迈着重重的脚步，穿过走廊，态度很坚决。走到

团队痛点
构建高效协作的十大关键

罗杰的办公室门前,他敲了下门,没等应答直接走了进去。

罗杰像往日一样忙着,抬起头看到詹姆斯走进来,有点惊讶。

"嗨,詹姆斯,我正忙着呢。你有什么事情?"

接下来詹姆斯发表了一大段独白,把所有事情一股脑儿说了出来。那些接踵而来、几乎不可能在期限内完成的最后通牒式的申请,让他万分沮丧。他对罗杰团队的工作方式提出了质疑,他们的每件事情都像在搞消防演习。

罗杰静静地听着,努力不流露出戒备的情绪,但内心觉得自己的领导力被攻击了。这种感觉可不好。

"好吧,我不太清楚这件事。我一直很忙。我先向我的团队了解一下,然后再与你沟通。"

詹姆斯略一点头,转身出了房间:"好的,我知道了。"

罗杰马上把他的团队召集起来,告诉他们詹姆斯对递交的申请很生气。团队成员开始讨论这件事,承认要求的时间期限是有点紧,但他们确实太忙了,也没有什么改进的余地。然后大家就开始埋怨其他团队,还有一家外部合作伙伴没有及时向他们提供关键信息。罗杰的团队成员基本上认为错不在己。在交流中,他们甚至开始有点要指责罗杰的苗头,对他发火表示吃惊,奇怪的是,既然他也认为这是一个反复出现的问题,那为什么不早说呢?

罗杰不情愿地接受了他们的意见。他感到很窘迫。他是应该早点采取控制措施。

第七章 如何塑造团队美誉度

当天晚些时候，罗杰接到了营销经理菲丽希缇的电话，现在她是自己可信赖的同事。

"嗨，罗杰，我得和你说一下，我就直截了当地说吧。我感觉你们团队和你的信誉，都被你们最近这个项目连累了。围绕你的工作方式有很多不好的声音，还有一些对你很不利的指责。"

罗杰叹了口气，今天还是没起色。

/问题分析/

罗杰的团队在常规的沟通流程方面做得不好，他们只是在确实需要做某件事时才去沟通。因为别人对事情的前因后果并不清楚，所以会感到猝不及防。

美誉度受损

申请提交太晚，会给他人带来压力，也会让人恼火，因为对方会觉得自己摊上了一个根本完不成的任务。因为心里不痛快，他们不会乐于合作。现在，罗杰的团队需要赢得好评，他们不知道自己正在做的事情对他人的影响。这个团队，以及团队成员的信誉，在不知不觉中受到了外界的质疑。他们这种最后通牒式的工作作风是长期形成的，最后在詹姆斯这里爆发了。他对罗杰放了一炮。当怒火上头，理智就会缺席，再想取得建设性的成果就很难了。

受到指责

罗杰觉得受到了攻击,产生了防卫心理,虽然他不想表达出来。罗杰向这些团队成员表达自己的不满,这是一种轻微的怒气,这些人又开始埋怨其他人,而不愿意自己承担责任。

从这里可以看出,一个表现有负外界期待的团队,不会给人留下好的印象。没有好的印象,就会受人诟病。而一个受人诟病的团队,难以得到其他人的信任和合作,因此对一个团队来说,完成好自己的任务是最根本的。

团队难以履行承诺以及形象受损的原因

1. 未能做好自己的工作

如果团队成员缺少工作技能和工作方法,他们就难以不负期待,拿出工作业绩来。这也反映出他们难以尽自己最大的努力把工作做好,如果再往细里说,还难以让所有团队成员充分地贡献出自己的力量,充分发挥自己的独特才能。

2. 不能很好地合作

如果彼此缺乏信任和团队精神,就难以有效工作、满足期待。虽然看似肩并肩站在一起,其实心并不在一起。

3. 不知道自己肩负的期望是什么

如果没有清晰的角色和责任,也不清楚自己的目标以及肩负的期望,团队成员就难以做出太多贡献,他们也可能会按照自我设定的期望去工作。甚至对团队的职责是什么，他们也会自以为是地去设想，这会让他们偏离正轨。

4. 错过最后期限

按照期望和计划完成交付是取得信任的关键。如果一个团队因为这里列出的任何一个原因，一再错过交付期限，他们的信誉就会受损。

5. 找借口并且不做准备

没有人喜欢听借口。当团队成员没有做好准备时，他们就会转而寻找借口，如别人还没有做某件事情，或者没有做好。

6. 不能正确地预测某项工作涉及哪些事

当团队成员草草投入行动时，他们可能还没有拿出时间来琢磨，还需要哪些工作配合，才能完成这一工作任务。结果是，虽然不堪其劳，但当"下课铃"响起时，他们根本不能如期完成任务。

7. 表现出了消极行为

凡是把没有如期完成任务归咎于他人和环境的团队成员，都会消耗别人对他们的信任。当人们看到一个团队内部冲突不止时，看到团队成员总是背后议论他人，而这一切又没有团队领导或者成员站出来处理时，对这一团队的信任度就会打折。

8. 不告诉别人自己正在做什么

那些自行其是的团队，不考虑对利益相关者进行管理的重要性的团队，或者沟通没有实现常态化的团队，都会发现他们得不到相应的支持以完成任务。

拿不出工作成果和团队声誉不佳带来的后果

- 当一个团队总是拿不出工作成果,其他人就不愿意和他们合作,不愿意和他们沾边。拿不出工作成果会让别人对这个团队印象不佳。这会导致其得不到足够的信任,团队的名声会受损。
- 当他人对与之合作退避三舍,团队就更难以完成任务。
- 当人们不愿意加入这个团队,他们就难以招聘到合适的人员。

对业务、客户、员工和利益相关者的影响

当完成任务的承诺没有兑现,团队内的人际关系就会受到负面影响。人们会感到悲观失望,进而导致缺乏信任。

一个团队声誉不佳,拿不出工作成果,就会影响其他团队工作任务的完成,进而损害业务中的团队合作关系。这样的团队即使请求帮助,也难以如愿,这会进一步损害其业务产出能力。人们就更不愿意热心地出手相助了。

员工的行为和产出能力低下,其影响会波及企业内外。当一家客户受到直接影响,付款后没有得到相应的产品或者服务,他们可能就会转向其他团队。

这可能影响组织的整体品牌,以及外界对其价值的感知。一个蒙尘的品牌要想吸引投资者、客户和顶尖的雇员都是很难的。不对品牌和美誉度进行精心管理,代价高昂。

如果人们在如何履行职责方面受到过多限制,有太多条条框

第七章　如何塑造团队美誉度

框,那么其产出能力可能就会受到负面影响,员工敬业度也是如此。

某家大型跨国公司中的一个团队,给大家的印象就是总是很忙,总是在忙于"救火",从一场"消防演习"转到另一场。他们动作频频,但只是对外界的请求做出回应。他们的结果总是难以预测,其他团队对他们感到心中没底,不到万不得已不愿意与他们合作。

这个团队在人们的印象中,总是在反应、回应,很少有积极主动的时候。与他们协作十分困难。这种"消防演习"式的工作风格使得他们拿不出时间进行预先规划,摆脱这种被动应对的状态。其他人对他们实现承诺如期拿出工作成果的信心不足,所以这个团队的声誉不够正面,整个组织内关于他们的传言也有很多。

团队领导者被辞退后,这个团队雪上加霜,受到了更大影响。重塑这个团队的声誉和可信度,当然需要花费更多的时间和资金。

/解决方案/

想拥有某种程度的自主权是人的天性。想要一个团队有良好的产出能力,这是一个需要考虑的策略。可以考虑给你的团队成员尽可能多的自由度,让他们能够按照最喜欢的方式工作,发挥最大能力,为团队完成工作成果做出最大的贡献。

关键是，要为团队创造各种机会，使其能够有良好的业绩表现，并能建立起优质、硬核的团队形象。

让我们具体讨论应该怎么做。

方案一：业绩管理

团队领导的最大责任就是，让团队能够做出业绩。这可以归结为根据组织的愿景，为团队成员制定分解目标。

完成重要目标要对任务内容和完成方式给予同等重视。业绩管理体系既要对目标完成情况进行评价，也要对团队成员的行为进行评价。

定下目标以后，就要制定关于如何实现目标的相关规划，以及应该通过完成哪些工作来实现目标，这也包括对团队成员进行培训以实现目标、识别可以运用的优势，以及可以发展的领域。然后通过定期辅导和后续支持，确保大家能够按照计划推进。这是一个持续的循环（见图7-1）。

图7-1 业绩管理

方案二： 养成成功的习惯

当一个团队需要聚焦于把某项工作从被动转为主动时，建立起一个成功的习惯能够发挥很好的作用。一个公认的看法是，要养成和戒除一个习惯，至少需要坚持 21 天。养成一个成功的习惯意味着，你要把时间和精力投在你想要做的事情上，而不是不想做的事情上。比如，如果你要养成一个如期完成任务的习惯，就需要把重点放在这上面，并且制定计划确保能够做到。肯定会有一些团队成员能够在这些措施的推动之下，按照时间节点圆满完成任务，那么就要在团队内分享他们的工作技巧和工作方法，以帮助其他团队成员养成按时完成任务的成功习惯。

回顾分析你的团队已经拥有的成功习惯，建立起能够让所有团队成员遵循的习惯。在团队内倡导责任共担的风气，让大家互相之间负起责任，共同为实现成功习惯的计划而努力。

方案三： 负起责任

为团队的声誉负起责任。要利用"真相时刻"（moment of truth）来思考你的回应。这是我们做出选择的时刻。这个选择决定着我们在任何特定时刻所能获得的成果。这不但对你个人有用，对你作为团队的一员同样有用。如图 7-2 所示，当有人对你做出评论后，如果你因此受到激励，就会对此做出回应，这之间的片刻时间就称为"真相时刻"。在这片刻时间里，你要选择如何做出回应。这只是片刻工夫，几秒时间，甚至是眨眼之间，但你必须利用这个机会，以建设性的方式来形成影响。回应不能只是自发自动的，但由于我们的思维习惯，情况往往如此，除非我们有意识地加以控制。

图 7-2　真相时刻

作为一个团队，要主动选择这样的"真相时刻"，而不能靠团队的"自动导航系统"，要确保正在提升团队的形象。每一个时刻都值得重视。也要为你们作为一个团队做出的决策负起责任。如果你做出了一个决策，你就要以团队的力量来落实这个决策，互相支持，而不要偏离主题，另起炉灶。

方案四： 把学习重新整合到更好的解决方案中

团队每天都可以学到新的东西。在实际工作情境中学习，并使学习成为最佳解决方案，可以让人得到更强大的力量，这被称为重新定义（reframing），简单地说，就是把取得所有工作结果的过程都视为一种学习。每个团队都可以对结果和成果进行重新定义。重新定义也被认为是团队能够履行诺言、及时交付工作成果的完美体现。它有助于其他人认识到什么是积极的改善之道。一个建立了重新定义文化的团队，可以通过以不同的眼光看待事物而很方便地做到这一点。这还可以向大家表明，工作的每一个阶段都是学习，都能为我们带来更好的事情，甚至更大格局的事情。

开始在你的团队中推行重新定义,并把这个学习模式推广开来。保持一个学习的环境,并聚焦于讨论你需要对什么进行重新定义,或者把什么作为学习的对象。

> 有个团队正在努力为他们正在推进中的工作打开新局面。他们碰到的每件事情都是新的,大家以前都没有经历过。他们没有局限在正在落实或者推进的工作上。他们就是要不断地尝试新的事物,努力争取更好的结果。他们已经获得的声誉是,他们非常成功,他们做的所有事情都被视作向前多走了一步。人们甚至把他们看成一个时时都能把事情做对的团队。他们受到了大家的高度尊重。
>
> 实际上他们并不是每次都能做对,而是当没做对时,能够及时改正,这给别人留下了他们总是能做对的印象。这个团队始终坚持开创新的局面,而要做到这一点,犯错误在所难免。他们把这些错误视为学习改进的机会,这让他们始终走在正确的道路上。他们既是积极主动的,也是务实的。这让其他人觉得这个团队和他们正在努力实现的东西,能够对自己有所启发。这让他们在外界眼中成为一个很成功的团队。他们也的确是,但这只是因为他们敢于尝试,并且不被前进道路上的挫折所阻挡。

方案五: 征求反馈意见以了解外部看法

要去了解外界对团队的印象。询问别人对你的团队有什么看法,请他们给出反馈。你可以采用图 7-3 所示的四步法。

```
┌─────────────────────────────────────────────────┐
│ 1.判断你的团队应该从何处征求反馈意见，以便能够了解外界对 │
│   你的团队的印象。                                  │
└─────────────────────────────────────────────────┘
                         ↓
┌─────────────────────────────────────────────────┐
│ 2.征求反馈意见：你想认清自己及团队的优势，以及你可以从何 │
│   处着手，来提升团队的价值。问问别人对你的团队有什么样的感 │
│   受，以及作为一个团队你们产生了什么样的影响。（为了得到坦 │
│   诚的评价，让你团队之外的人士去调查，是个好主意。）     │
└─────────────────────────────────────────────────┘
                         ↓
┌─────────────────────────────────────────────────┐
│ 3.对你的团队得到的反馈意见进行讨论。探讨为了建立期望中的 │
│   团队声誉，应该找到什么样的解决方案来扩大团队优势，并改善 │
│   已经识别出来的发展领域。研讨为了支持这些行动，你们需要展 │
│   示出什么行为。                                    │
└─────────────────────────────────────────────────┘
                         ↓
┌─────────────────────────────────────────────────┐
│ 4.对反馈进行回复，告诉他们，针对他们的反馈你采取了什么措 │
│   施，以及你正在如何采纳他们的反馈意见。              │
└─────────────────────────────────────────────────┘
```

图 7-3　对团队的反馈

方案六：管理团队的美誉度

　　他人对一个团队的感受，就构成了这个团队的美誉度。要对团队声誉进行管理，而不应该听之任之。无论你是否进行管理，团队都有其形象，所以要对团队的形象和美誉度进行管控。想想你的利益相关者，他们有什么期待，你能为他们拿出什么样的成果，以及你团队的美誉度正处于什么样的状态。如果你已经实施了解决方案五，你就有足够的资料来展开讨论。

　　询问你的团队成员以下问题：

- 其他人如何看待我们的团队？
- 如果我们征求其他人对我们团队的意见，他们会怎么说？

会是建设性的、积极的吗？我们是不是已经掌握了这个情况？

- 团队展现出了哪些有用的和没用的行为？对其他人的影响如何？
- 你如何描述我们团队与内外部客户的关系？

方案七： 创建团队品牌

品牌就是一个概念，一个期待，它存在于客户的心中。

总的来说，你可以认为，品牌是由产品本身、产品周边的服务，以及相应的沟通过程构成的。当所有这些事情都汇集在一起，体验就形成了。这是顾客可以期待的承诺，也可以称为品牌承诺。一个团队既有品牌，又有品牌承诺。

作为一个团队要思考的是，为什么要对团队所拥有的品牌进行管控。要想取得成功，很重要的一点是，要成为值得内外部利益相关者信赖的伙伴，能够让他们得到好的体验。如果你的团队还没有发展到这个地步，也可以把组织中的其他人视为客户。有了这样的思考，你就能够改变心态。这可以把你导入不同的思维框架中。你会像对待内部同事一样对待外部客户吗？像对待外部客户一样对待内部同事会如何？把员工当成外部客户对待，又会如何？

下面是可供你的团队成员讨论的一些问题：

- 我们团队的身份和品牌是否清晰？
- 对我们所做的事情，人们知道多少？我们如何就品牌承诺和团队的产出能力进行沟通？

- 我们如何提升团队的形象？
- 如果我们把内部同事当成外部客户来对待，会使我们团队的形象发生什么样的改变？

让我们看看如果罗杰采用上述解决方案，可以怎么做。

对自己的团队及其在其他人眼中的形象，罗杰已经想了很多。他和他的团队就这个问题进行了深入的沟通。大家都认同，采用更主动的工作方式对团队的成功非常关键。团队中专门安排了一个人对沟通总负责。这意味着他们现在有了一个关于沟通的规划，在项目的整体工作循环和落实过程中，能够详细地追踪所有的利益相关者，以及他们是如何与团队互动的，应该怎样与他们进行沟通。

结果是令人鼓舞的。组织周边的很多人，都对项目最近的顺畅实施给予了赞扬。罗杰最满意的反馈是，财务负责人詹姆斯会拍拍他的肩膀来表示对团队工作的认可，要知道他可是个做事一板一眼的人。

"这些日子，我们过得很顺利。我感觉一切都在掌控之中。我们早该采取这种方法了。好在亡羊补牢，未为迟也！"

团队和团队领导者的行为

针对上述这些解决方案，表7-1列出了一些行动项。在这些行动项的支持之下，上述解决方案能够收到很好的成效。这些行动项本身发挥的所用是有限的，但是有了这些正确的行为，你就能更有效地建设一个能实现工作成果的团队，也能塑造出更好的团队形象。

表7-1 塑造团队形象行动项

解决方案	行动项	成效
业绩管理	很感兴趣 有灵感	当你自己真有兴趣和灵感,你就能够激发起他人的兴趣和灵感去改善业绩。当你能给他人以信心,向他们展现出成功的可能性,你就点燃了人们改善业绩的希望之火。
养成成功的习惯	有决心 负责任	通过为养成成功的习惯负起责任,你就会感觉到正在为想要做到的事情采取行动。这能促使你继续做同样的事情。反复的行动和你所取得的成功,能促使你采取后续的步骤。
负起责任	勇敢	通过承担起责任,你就能够掌控你想要实现的成果。你正在选择的是能给你的团队美誉度带来长期影响的行为,它比你所能采取的任何一个行动都更有力。你的勇敢体现了你的力量和决心。
把学习重新整合到更好的解决方案中	积极主动 展现出"我能行"的姿态	秉持"我能行"的态度,把做任何事情都视为学习,你们就能成为人们眼中能干大事的团队,虽然还要克服许多困难。你创建了一种学习的文化。真如安东尼·罗宾斯(Anthony Robbins)所说:"就没有失败这回事,只有结果。"
征求反馈意见以了解外部看法	勇敢 能鼓舞人的	从长远看,不是你说什么,而是你给人们什么样的感受,更有意义。这会影响到你想要树立的形象,无论对你个人还是团队都是如此。敢于以开放的姿态听取外界反馈,你就能激励他人。这样你不但听到了反馈,你在他人眼里的形象也能马上提升。
管理团队的美誉度	自豪	为你的团队自豪,把管理团队的美誉度作为自己的使命。这也能让其他人产生自豪感。当团队成员心系团队的品牌,人们就愿意成为做出积极贡献的一分子,这让他们感到很值得。

续表

解决方案	行动项	成效
创建团队品牌	关心	向你的利益相关者表明，你对他们很关心，因此才会重视品牌创建（因为品牌就是你为他们创造的价值），当你创建出一个重要的品牌，其意义和价值会溢到你的团队之外。

团队和团队领导者的想法与感受

想要确保一个团队能够拿出成果，并给人留下好的印象，就要积极主动地汰换那些对此不利的想法和感受。

表7-2是从本章案例中反映出来的想法、其对感受的影响，以及如何才能加以改变。

表7-2　消极的想法与感受 vs. 积极的想法与感受

消极的想法	消极的感受	积极的想法	积极的感受
我又收到了一个不可能的任务，这可真是够了！	生气 心怀敌意	我喜欢接受挑战！我该如何来应对刚刚接受的任务呢？	好奇 充满希望
我质疑罗杰团队的这种工作方法。对他们来说每件事都像是消防演习！	攻击性	对罗杰的团队和他们的工作方法，我有些好奇，很想了解一下。	感兴趣
我的领导权被冒犯了。这感觉可不好。	泄气	我想保持一种积极的心态，仔细地倾听和学习。对此我感觉不错。	满意
这不是我的错，是他们的错。	厌恶	我可以为此负起责任。我可以检视自己的行动，以对此提供支持。	接受

续表

消极的想法	消极的感受	积极的想法	积极的感受
我很丢脸,我早该管控了。	失望	我可以现在管控,就从当下开始。	自信
今天还是没起色。	焦虑	一切都还行,还会变得更好。	着迷

/ 总　结 /

每个团队都会有品牌、形象和美誉度。这是由团队及其成员的行动和行为塑造的。这个形象中很大一部分,是由团队在多大程度上实现期望和承诺决定的。

作为一个团队,你要确认,每一个团队成员都理解他们在团队中担任的角色并承担起相应的责任,这既包括团队产出的内容,也包括团队产出的方式(如准时地、尊重地、专业地)。

作为一个团队的领导者,你需要创建环境和设施,让团队按照期望完成交付。

一名领导者,不一定亲力亲为去做那些最重要的事情,而是促使他人去做那些最重要的事情。

/ 反　思 /

- 为了我自己的声誉和团队的美誉度,我需要承担起多大的责任？

- 我的团队在最后期限之前，能够在多大程度上完成交付？
- 当我或我的团队没能如期交付时，我会在多大程度上找借口？
- 为了保证交付，我付出了多大的努力来主动地养成成功的习惯？

二次测评

当你实施了本章提供的解决方案之后，请再次回答这些问题，看看你所取得的进展。你如何评价你的团队在以下方面的表现？

指标	1 很差	2 差	3 一般	4 好	5 卓越
你的团队的美誉度					
为美誉度负责					
团队身份和品牌的清晰度					
积极的行为					

第八章
如何提高团队管理变革的有效性

- 增强团队变革管理的有效性
- 在变革时期,要防止混乱

想要不断取得成功,就必须与时俱进地改变自己的行动。

——尼可罗·马基雅维利(Niccolo Machiavelli)

第八章　如何提高团队管理变革的有效性

自我测评

在阅读本章内容之前，请完成下面的快速自我测评。对团队的以下各项指标你如何评价？

指标	1 很差	2 差	3 一般	4 好	5 卓越
变革实施的有效性					
对变革的接受度					
应对变革					
积极引领变革					

你看到那封电子邮件了吗？

詹娜正在伏案工作，努力完成这周的收尾工作。下午四点钟，忽然传来"叮"的一声，打破了她专心致志的工作状态，新的电子邮件来了。她有点不愿意去管这份邮件，担心会让自己分神。但当她看到这份邮件是由一位很少直接与人联系的高管发来的时，兴趣一下子变大了。这封电子邮件的标题是：新的业绩标准。她当然要打开看看。

当詹娜看到这份邮件的详细信息，她感到心一下子沉了下去。"这是在说什么？这对我又意味着什么呢？"

这封邮件说的是即将实行的，关于绩效评价和奖励的新方法。直到目前，公司的考核还只是员工做了什么，比如，实现的目标。但从1月1日开始，也要考核他们是如何实现目标的。事实上，目前有50%的绩效评分针对的是他们的行为。

对行为的考核将包括从雇员的经理、同事、直接汇报对象（在有些情况下还包括客户）那里得到的反馈。这一变化意味着绩效考核将对雇员提出新的要求，会影响到报酬以及潜在的福利。邮件指出，这种变化的原因是，希望建立起更加综合性的评价方法，这会鼓励符合公司价值观的行为。

"我真没想到他们会甩给我这样一个消息！他们一定不会当真！这对我的影响可太大了，会影响我的收入，说不定我真支付不起让孩子参加学校组织的意大利旅行的费用了，还有我已经预订好的度假。他们怎么会觉得这也可行呢？如果人们不是公正地进行评价，而是借机打击报复呢？会不会只是因为我和某位同事意见不一致并借机惩罚我，他们就给我打低分呢？这太可怕了！"

詹娜看看表，意识到时间已经不早了，但还是拨通了办公室密友皮特的电话。

"你看到那封电子邮件了吗？"这是对方接通电话以后詹娜说的第一句话。

皮特答道："看了，我也正想给你打电话呢。我对这件事情有一个感觉。我觉得有人会利用这个漏洞来排挤对手。如果他们看你不顺眼，你就不会得到好的评价，你工作再努力都没用。"

接着詹娜说："那你看我这样想对不对：如果我没有得到好的行为评价，我的总体考评就会受到影响，我就不用指望

第八章 如何提高团队管理变革的有效性

提拔,甚至连小小的一笔奖金也别指望?"

"让我解读的话,就是这么回事,但还不清楚到底会如何操作。"皮特回答。

这个周末之后,詹娜和皮特继续讨论这件事。他们一直到周一的早晨还在猜测这件事情,脑子一点也没有变得更清楚,反而更糊涂了。

/问题分析/

这么大的变革只是通过一份简短的电子邮件来发布,这让詹娜感到非常吃惊。

理性和逻辑

从表面看,电子邮件是理性的也是有逻辑的,但是这根本没有考虑收件者的感受,以及对收件者的影响。对一条会引起问题和担忧的信息来说,这种沟通方法绝对不是最好的选择,读了这样一份邮件,没有人会感到满意。

这份邮件带来的震动,让詹娜马上联想到自身的处境。詹娜产生了情绪化的反应,很难再以平静、客观的心态来对待这个消息。

情绪

詹娜感到有些害怕,因此陷入了自我防御、自我保护的心态之中。她的思绪从与公司相关的情境延伸到了个人生活上，开始担心这对自己的生活可能产生的影响。

因为感受到了自我防御和保护的心理需要，她想去求证，因此就给皮特打了电话。他们没有直接去找信息源头求证，而是彼此之间进行推测和解读，这样的行为对团队的生产力会产生负面影响。他们正在议论的是可能会发生什么情况，而不是继续干好工作。当人们不明白变革为什么发生，以及变革会对自己有什么样的影响，有这样的反应是人之常情。

参与

推动变革时如果没有让任何员工参与，也不征求他们的意见，员工加以抵制就是正常反应。这让他们觉得自己不重要，受到了轻视，员工可能这样说："他们为什么不来问问我们？"或者"我们本来应该告诉他们……"

关于变革的另外一个问题是，这会导致一种损失感，就像某种你很熟悉的东西，或者能够得心应手地处理的事情离你而去了，等待你的是某种不熟悉的新状况。如果再没有人来倾听你、理解你，这种感觉就会挥之不去。

团队未能有效地管理变革的原因

1. 对新的、未知事物的恐惧

如果人们不知道变革将给自己带来什么样的影响，也不知道该如何应对，他们自然会产生恐惧感。

2. 变革太多、太快

当有多项变革连续快速推进，团队成员没有时间理解消化已经发生的变革，就会感受到很大的压力，也会导致惰性。团队成员难以正确地应对变革，因为它看起来并没有什么意义。

3. 团队不理解变革的态势

团队成员还没有认识到，当有新变革发生时，人的心理其实都会经历一些变化阶段，这并不意外，而是应该能够预测到的。结果反而是，他们不承认在变革面前自己有这种很自然的反应，更不知道在这个阶段应该如何自处。

4. 人们陷在抗拒的情绪中

在变革曲线中，抗拒是第一个自然发生的阶段。人们不接受变革，也没有动力去管理变革，表现得就像根本没有意识到变革正处于现在进行时一样（否认、抵制）。

5. 领导者处在变革曲线的不同阶段

在绝大多数情况下，领导者会比团队成员更早意识到变革即将到来。作为领导者，在与团队成员沟通之前，他会有充足的时间去思考变革，并为此做好准备。因此他与团队成员的沟通交流就可能存在这样的风险：相对沟通对象，他的立足点已经处在了变革曲线很前面的位置。（想更多地了解变革曲线，可参看下面的解决方案部分。）如果真出现了这样的状况，那就说明领导者没有认识到变革对他的团队可能造成的影响，其思想感受和团队成员不在同一频道上。

6. 人们不认同或者不理解变革

如果团队成员不理解为什么会发生变革，或者变革会如何推进,他们就会感到沮丧。如果他们不认同变革,就会抵制。无论发生哪种情况,变革进程都会受到阻碍。

7. 人们感觉变革是强加于己的

如果在变革决策过程中,团队成员没有被吸收进来,也没有咨询过他们的意见,只是让他们接受一个既成事实,就认为这个变革是强加给他们的。他们觉得自己不是这个变革的一部分,因此就会抵制或者在行动上不配合。

8. 围绕变革有太多负面情绪

负面情绪会引发新的负面情绪。当你被负面情绪包围,一定要清醒地认识到,自己需要转换思维,不能被负面情绪同化。

不能有效地管理变革可能会对团队造成的影响

当变革未能得到认真的管理,团队就会受到极大影响。变革的导入就会显得很突兀,即使沟通者已经对此思考过一段时间。这种突然性的变革,会让整个团队陷入焦虑。

- 这会造成紧张压力,进而影响人们的心态,随后整个团队中就会出现抵触和不必要的紧张情绪。
- 当团队成员内心感到不安,把时间花费在对变革的猜测上,他们的心思就不再聚焦于工作,工作干劲和归属感都会下降。
- 如果变革不是深思熟虑的产物,那么变革的推行就不会有效,团队的生产力水平也会下降。

对业务、客户、员工和利益相关者的影响

当团队受到这些影响,生产力就会下降,代价通常会很高昂。

第八章 如何提高团队管理变革的有效性

不确定性和压力会导致团队与其他部门发生摩擦和冲突，而这又会影响到其他部门和团队的士气与生产力。

下面这个案例说的是，领导者在变革中单兵突进，在这个过程中又没有征求任何人的意见所造成的后果。

> 新领导对即将推行的团队重组和变革已经思考了三个月。他有足够的时间来做准备以面对这一变化。他面对的压力是，要在随后的六个月中，让变革取得成效，因此他深知时间和效率非常关键。他给所有团队成员发了电子邮件，宣布了新的组织结构，并要求在一个月内变革到位。
>
> 他的电子邮件受到了冷落，他却把这种沉默理解成了接受，他很高兴大家都乐于接受这个变革方案，这当然并非实情。直到老板怒冲冲地找到他，问他为什么办公室里炸了锅，他才回过神来。由于没有就变革进行充分交流，也没有思考这可能对其他人产生的影响，臆测和防御性行为成为大家难以避免的选择。他在公司内偶然听到了这样的对话：
>
> "我感到被碾压了，自己一点也不重要——我貌似就是个局外人，根本不值得经理拿出时间来和我谈一谈。这也太没人情味了，我们似乎就是可有可无的人，只要俯首听命就行了。我对他的信任感没有了，我不知道正在发生什么事情。"

当员工感到紧张，士气低落，缺勤和离职率都会上升，这当然是一种浪费。

当员工感到担忧、紧张，当变革进程由于管理不善而效果不彰，客户的体验也会受到影响。这会破坏团队的形象和美誉度。

/解决方案/

有效的变革管理不是偶然出现的。你需要一个经过仔细筹划、深思熟虑的方法来让人们愿意拥抱变革,与你携手同行。这就称作变革领导力。为了帮助团队成员更好地应对变革,你需要帮助他们聚焦于他们能够影响和掌控的方面,而不是去担忧那些自己难以影响和掌控的事情。

变革曲线

变革曲线有许多不同的版本。它们的共同点是,人们在变化中总是会经历四个可预测的阶段。如果管理得当,可以显著减少每个阶段所用的时间(见图 8-1)。

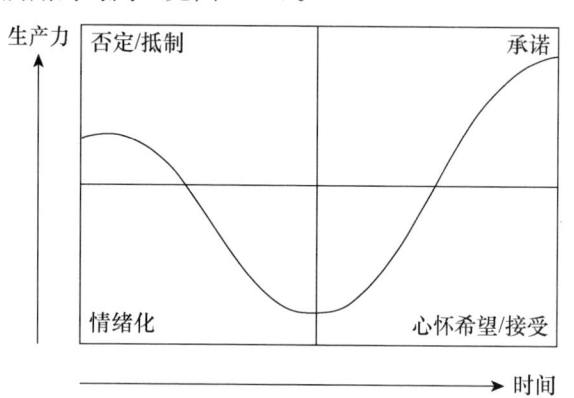

图 8-1 变革曲线

关于变革曲线的细节,参见下文中的解决方案四。

人们一般会因为喜悦或痛苦的体验改变自己的行为。或者是因为照现在这么干下去太痛苦了，或者是因为变革会带来丰厚的回报，所以人们乐于改变。

为了在团队中有效地管理变革，你需要持续地关注你的团队成员：他们位于变革曲线的哪个位置？他们的感受如何？如何满足其需求？只有这样，那些必要的变革才能快速推进。

要思考如何与团队成员沟通，以帮助他们看到变革的可行性。让大家认识到，自己完全能够应对变革。可以用这里列出的解决方案给他们提供应对策略。让我们具体讨论该如何做。

方案一： 策略和沟通规划

为你的变革制定一个详细的策略和沟通规划。澄清你想要达成的目标、实现目标的方法，以及在整个变革过程中，你如何与大家沟通。认真的规划能使你想清楚变革的每一个步骤，以及如何让变革涉及的人们行动起来，共同克服困难。按照策略和规划来推进变革，就会形成一个核查机制，让你走在正确的轨道上，正确把握变革推进情况，衡量变革所取得的成效。这里提供的一些想法，可以作为你开始制定策略和沟通规划的参考素材（见表8-1）。

表8-1 变更策略和沟通规划

变革的目的——我们想达到什么样的目标，它为什么重要							
变革实施规划				变革沟通规划			
要做什么	谁来做	什么时间做	成功的衡量标准	沟通什么	谁来沟通	与谁沟通	哪里：沟通渠道	什么时间沟通

方案二： 慢下来

领导者推行变革的速度，给别人的感觉往往是太快了。如果领导者走得比其他人快太多，那他就需要慢下来。慢下来，看看大家是不是处在同样的位置。请驻足思考以确认，你正在优先考虑变革，在正确的时间做正确的事情，并且做对了。一次性做对，肯定比返工好。为了提高大家对变革的信心，质量重于数量是一个重要原则。

方案三： 积极强化优势

当变革发生时，人们往往对做错了什么事情特别关注，而对做对了什么事情就没有那么强的关注度，当人们开始推卸责任，事情就掺杂了个人的感情色彩。运用自己的优势是一个强有力的方法，能够帮助自己和他人安然度过变革期。

请进行下面这个简单的练习：

> 彼此就各自的优势进行访谈："告诉我，就你所知，我什么时候处于最佳状态？什么时间，在哪里，在哪方面？"然后把自己最突出的四五个优势写下来，每个优势用一两个词来描述。这有助于提醒你，你所拥有的优势，以及在变革时期，这些优势有什么用武之地，你又该如何加以运用。这些优势也有助于你在变革中保持积极心态。

方案四： 沟通变革曲线

在变革时期，要帮助他人理解那些他们即将经历、而你已经经历过的阶段。为他们提供解决方案，使他们能够管控变革曲线的这四个阶段。

阶段一：否定/抵制阶段

当人们处于否定/抵制阶段时，你需要与他们沟通，但不要说太多。给他们足够的信息，让他们知道变革正在发生，但不要用太多的信息洪流一下子把他们冲垮。他们需要"细水长流"的沟通。要确保他们知道从哪里去获得答案。确保他们能方便地找到你来为他们解答问题，让他们能够顺利过渡到变革曲线的下一个阶段。

阶段二：情绪化阶段

在这个阶段，恐惧、愤怒、怨恨和不确定感，都会走到台前。团队成员也许需要发泄他们的怒气，需要分享他们的感受。这个阶段需要进行认真规划，你需要想清楚人们可能提出的反对和阻碍意见。也要认真考虑，变革可能带来的那些影响。要准备好听取人们的意见，允许他们说出自己的感受。如果不能把这些事情有效管理好，你就会陷入混乱之中。如果觉得没有人真正理解自己的感受，有些人就会倾向于停留在这个阶段。要准备好倾听并帮助人们解答他们关心的问题，这样他们就能走向下一个阶段。

阶段三：心怀希望/接受阶段

现在团队成员开始向变革靠拢，更多地思考变革对他们来说意味着什么。他们也开始考虑如何才能让变革顺利进行下去，如何为变革的实施献计献策。要及时为他们提供培训和支持。也要让他们体验到，变革会带来什么，变革会是什么样的景象。与他们交谈，并向他们展示，在变革中会出现什么样的景象。

阶段四：承诺阶段

团队成员已经在经历着变革，接受了变革，而变革正在实实在在地发生。在这个节点上，不要忘了庆祝在变革历程中取得的成功和实现的成就。这将强化变革的积极意义，当你下次想要实施变革时，推进起来会更加容易。

方案五：认识到你和他人不在变革曲线的同一阶段

作为领导者，在变革中你总是要领先一步，有时候还会领先几步，这取决于你在团队中的级别和角色。对这次变革，你可能已经讨论、思考、探索了一段时间。可能你已经处在变革的承诺阶段，而其他人还处于否定/抵制阶段。所以你必须往回走，到他们所处的那个点与之沟通。记住要有同理心，要记住当人们处于不同的阶段就会有不同的感受。

方案六： 展现出情商

当你与正在经历这次变革的其他人打交道，你需要站在他们的立场上。这就要求你从他们的角度来思考问题。这样做的结果是，你很有可能找到一个他们愿意听的并愿意与你一起推进变革的出发点。对变革的结果，要带着感情去理解。心灵的雷达要打开，这样你就能意识到，你的言行可能造成的后果。你的行为比语言更能说明问题。

方案七： 沟通， 沟通， 再沟通

在应对变革时，需要进行双向沟通。在变革全过程中的各个不同阶段，你都需要这样做。倾听团队成员的声音并让他们都参与到变革中，让他们分享自己的观点和关注点，这在整个变革过程中都很重要。人们经常会忙着推进变革，一心想着要加速变革，却把团队丢在了后面；结果他们可能不得不再走一次回头路，重推变革进程。沟通的法则在这里也适用。你需要多沟通。如果有七种不同的情况，你就要分别沟通七次，以便让每个人都理解，所以要有创造性地围绕变革进行沟通。

方案八： 针对不同的人使用不同的方法

当决策影响变革时，要认识到，人们需要被不同的方法说服。有人需要看到事实，这时你就需要运用逻辑的方法，以理性的、分析的风格取信于他们；有人想知道变革会对他们个人产生什么样的影响，这时你需要告诉他们，你已经考虑过这个问题了。人们的感受会影响他们在团队中的行为，以及他们对变革的参与和投入程度。他们也想知道，如何向他人描述这次变革。人人都想知道变革的原因及背景。在与大家建立联系、开展沟通的过程中，这两种风格都要用到。

方案九： 团队决策

在变革时，要让整个团队都参与到决策中来。要召集会议，大家一起讨论变革面临的困难、阻碍以及一些积极的方面。要帮助大家把焦点集中在可行的解决方案和相应的益处上。可能有人觉得没必要投入这么多时间，但如果你没有赢得人们的一致赞同，你就不得不走回头路，所以为此多投入一些时间其实能够事半功倍、节约时间。让团队成员自身成为解决方案的一部分，他们就能更好地理解变革。

让我们看看如果詹娜的公司采用上述解决方案，可以怎样做。

> 经过一段时间的讨论，团队的高级领导者形成了改进的绩效评价体系。现在到了让员工了解这个方案的时候。在会议之前，领导者已经思考过应该如何向员工沟通这件事情。他们对会议做了周详的安排，充分考虑到相对他们这些领导者，来开会的人都正处在变革曲线的不同阶段。这是一个充分互动的会议，员工有充分的空间提出问题，也有足够的时间来加深理解。

詹娜应邀和同事一起，参加了一次和经理沟通的会议，参与者都是团队的领导者。她感到很好奇，因为这个最新的绩效评价体系方案这几个月来一直处于酝酿之中。她已经应邀为方案提过建议了，既作为对自己的下属进行绩效考评的执行者，也作为一名被考评的对象。

当大家都坐定以后，经理先做开场白：

第八章 如何提高团队管理变革的有效性

"感谢大家来开会。大家都知道,我们现在是要让大家看看我们新的、大家高度期待的绩效管理方法。"说到"高度期待"这个词时,他的脸上露出了笑容。

"这就是。"他指向正在播放的幻灯片,其内容是对绩效评价标准的概述。"大家知道,我们想要建立一个更公平、更完整的评价体系。以前,我们只评价目标的实现情况,而不问大家是如何实现目标的。现在我们要考核目标是如何实现的,为了完成工作,大家是怎么做的,是如何与他人互动合作的。我们相信,这将促进更好的团队合作、更好的沟通交流,以及更好的目标达成。下面我把方案的细节给大家介绍一下,大家有任何问题都可以讨论。这样可以吗?"

詹娜发现自己在点头称道。她相信,大家肯定还会提出一些问题,但总的来看,方案还是不错的。因为她亲身参与了这个方案的探讨过程,所以她知道自己原先的关注点已经被考虑到了。她也相信,任何突出的关注点,不但会得到认真考虑,也有望得到解决。

团队和团队领导者的行为

针对上述解决方案,表8-2列出了一些行动项。在这些行动项的支持之下,上述解决方案能够收到很好的成效。这些行动项本身发挥的所用是有限的,但是当团队成员有了正确的行为,你就能使你的团队越来越有效地管理变革。

表8-2 提高应对变革能力行动项

解决方案	行动项	成效
策略和沟通规划	积极主动	主动为变革寻求解决方案,制定详细规划,能够帮助你不遗漏工作的任何一个方面,让你积极主动地审视你是如何沟通的。
慢下来	善于反思	停下几分钟,驻足思考自己目前所处的位置,这和积极主动一样重要。当你停下来,拿出时间思考变革和我们在变革中应该如何作为,有助于调整我们看问题的角度,对我们的行动及其对他人和变革的影响看得更清晰。
积极强化优势	积极主动 为他人着想	我们应对变革时,当能够聚焦于他人的优势,我们就拥有了积极的心态。这能促使我们聚焦于强化他人的优势,并展现出帮助他人的善意。
沟通变革曲线	值得信赖 勤勉认真	变革的四个阶段都是可以预料到的,所以在帮助他人应对变革时,要做到值得信赖、勤勉认真。要主动地清楚讨论变革的阶段,以使变革能尽快地推进。你要尽自己所能,让团队沿着变革曲线快步前行。
认识到你和他人不在变革曲线的同一阶段	展现同理心	与他人的沟通交流要立足于其在变革曲线上所处的阶段,而不是你想让他们更快进入的阶段。这能让他们以更快的速度走到承诺阶段。
展现出情商	敏锐 负责任	认识到自己的行为,以及你对变革所能发挥的影响,就意味着要关注变革什么、怎样变革。能够实现转型的变革,都必须发生在行为层面。
沟通,沟通,再沟通	有创造性 勇敢	要有创造性地沟通,思考以不同的方式做事,鼓励大家与你一起开创变革。把改革当成自己的事情,与自己息息相关的事情,大家就会一起努力,争取变革成功。

续表

解决方案	行动项	成效
针对不同的人使用不同的方法	有勇气 心胸开阔	通过以不同方式去影响身处变革中的团队成员，你就能够满足他们的需求，并且帮助他们把变革当成与自己息息相关的事情加以理解。这样变革就能快速推进。
团队决策	灵活应变 积极合作	大家一起合作，让团队成员参与决策，能够让大家认识更清晰，还能够克服变革所引发的情绪问题。这能支持他们更好地应对改革，不断地推进改革，尽早取得成效。

团队和团队领导者的想法与感受

想要有效地管理变革，就要积极主动地汰换那些对此不利的想法和感受。

表8-3是从本章案例中反映出来的想法、其对感受的影响，以及如何才能加以改变。

表8-3 消极的想法与感受 vs. 积极的想法与感受

消极的想法	消极的感受	积极的想法	积极的感受
这对我来说意味着什么呢？	紧张 忧虑	怎样才能为我所用？	乐观
真不敢相信他们居然甩来这个消息！他们一定不会真的这么干！	恐惧 疑虑	我需要好好了解这次变革。看看我可以找谁谈谈，谁能为我提供支持和帮助，谁能给我答复。	主动进取 受到鼓舞

续表

消极的想法	消极的感受	积极的想法	积极的感受
这会给我带来不利影响,会影响我的收入,我也付不起钱让孩子参加学校组织的意大利旅行。我预订的假期旅行也可能泡汤。他们怎么会想到要做这样的事情呢?	失望 有负罪感	我相信这没什么问题,我们能够想出两全其美的办法。	有决心 有胆魄
如果人们不公正,想要报复可怎么办?	疑虑 担忧	人们会适应这个新流程,公正地运用它会成为行为准则。我会继续尽最大的努力工作。	笃定 有把握
我会仅仅因为与同事意见不合就受到他们的惩罚得到低分吗?这可太扯了!	无力	我会把握好自己的行为,诚实地采取行动。	信任 满意
我对此感觉很不好!	绝望	我会找到这次变革积极的方面,好好适应,情况会更好。	热情 心怀希望

/ 总　结 /

更多沟通

在管理变革中,要做到全程沟通。当你觉得自己已经沟通得足够多时,也许正是你需要进行更多沟通的时候。关键是要使之成为一个有互动、人人参与的过程,要倾听,要交流,要把大家纳入进来。

沟通，沟通，再沟通——接下来还是沟通。

对变革曲线的认识

要帮助你的团队成员更好地认识，在变革曲线的不同阶段人们可能会产生的反应。对变革曲线有了更深入的认识，变革就不再那么可怕——"原来不只我一个人这么想"。每一个阶段都是必然存在的，但是每个人在某一阶段会停留多久、这对人们的精力和生产力下降影响有多大，是可以管理的。

转型变革

转型变革发生在行为层面。除非能够让人们改变行为，否则真正的变革就不会发生。当整理好变革规划后，要关注那些能够促进变革的行为，关注为了取得成果，人们应该做哪些改变。

/反　思/

- 我们在团队中是如何管理变革的？我们有哪些地方需要改进？
- 我自己对变革的反应是积极的，还是消极的？这对我的团队成员有何影响？
- 作为一个团队，我们应该如何更积极主动地变革？

- 在任何即将到来的变革中,我该如何让大家积极参与?
- 在变革时,我是如何思考相对于我来说,其他人在变革曲线中所处的阶段?

二次测评

当你实施了本章提供的解决方案之后,请再次回答这些问题,看看你所取得的进展。你如何评价你的团队在以下方面的表现?

指标	1 很差	2 差	3 一般	4 好	5 卓越
变革实施的有效性					
对变革的接受度					
应对变革					
积极引领变革					

第九章
如何打造通力协作的团队精神

- 在团队中增进尊重和支持
- 增加团队成员彼此之间的承诺

团队的力量来自每个人,每个人的力量来自团队。

——菲尔·杰克逊(Phil Jackson)

第九章 如何打造通力协作的团队精神

自我测评

在阅读本章内容之前，请完成下面的快速自我测评。对团队的以下各项指标你如何评价？

指标	1 很差	2 差	3 一般	4 好	5 卓越
通力协作的团队精神					
互相尊重					
互相支持					
了解团队的动态					

万事皆在掌控？

每周一次的与团队的电话会议正进入高潮。

"我们杜塞尔多夫的项目进展到哪里了？"大卫问道。

"我们正在按计划推进，所有事情都在掌控之中，没有什么需要汇报的。"与往常一样，弗雷德的回答总是简洁、切中要害，且态度积极。

乔恩稍微有点不舒服。他比几个月前更了解弗雷德了，但每当弗雷德开口讲话，他还是会质疑，他到底有没有把事情的全貌都说出来。他总是说一切都好，但哪有可能总是一切都好？他是不是又隐瞒了什么情况？乔恩决定把自己的疑问说出来。

"弗雷德，我上周在杜塞尔多夫时参加了一次项目会议，会上对季度末项目第二阶段的完成节点有一些担忧。给我的印象是,项目没有按计划推进。"

他一说完,会议一时陷入沉默。

过了几分钟,弗雷德回应了,他的声音比刚才大了一点。

"乔恩,我想你确实是搞错了。说实话,你可能错误地解读了会上的信息,这也许是因为你不太了解我们在德国做事的方法。"

听得出来,弗雷德在克制自己,但内心还是在担忧乔恩的看法会压过他自己的说法,这让他觉得应该展示一下自己的力量和优势。

弗雷德清了清嗓子,开始解释为什么自己认为事情进展都很顺利,讲了他们目前正在走的流程,还抛出几份当地的技术参考手册,来证明事情都处于掌控之中。

这边乔恩正在摇头,他想的是:说什么都没什么意义。他只是在做自己的事情。怎么不讲讲团队发生了什么事情呢?

大卫开始认识到,这些会议都有一个模式。屡见不鲜的情况是,某些人感到有必要拍胸脯打包票,以证明自己干得有多好。这与他想看到的那种团队合作的状态明显相差太远。要做到相互了解,他们已经开始这么做了,但还远远不够。

同时,不为其他人所知的是,其中有两人还是像往常一样,正在通过即时通信软件交流。他们两个正在说闲话,他们觉得弗雷德虚张声势地提高嗓门根本没有必要,乔恩的提问也很烦人,就是他惹来了弗雷德的大嗓门。

让他们两个感到无奈的是,这样一来,会议离结束可早着呢。

/问题分析/

电话会议这种形式是有挑战性的,要开好电话会议并不容易。电话会议是一个很好的工具,但要想用得好,必须要有会议纪律,会议内容也要集中,还需要与会者积极参与。虚拟团队的成员们不都在同一个地点,非常依赖于这个重要的沟通工具,因此一定要把它用好。

坦诚的回应

在这次电话会议中,由于弗雷德不愿意分享全面的情况,乔恩产生了疑虑。但他没有得到完全坦诚的回应,这让他与弗雷德产生了距离感。这导致他们虽然同为团队成员,但彼此已经疏远了。

其他两个团队成员此时正在短信联系,对弗雷德和乔恩的表现品头论足,这也反映出这个团队的人心有多散。所有这些现象,导致了小团体心态,这对团队成员之间的团结一致是有害的。

隔绝

当这类行为导致了团队成员之间关系上的疏远,加之有些团队成员又不在同一地点工作，这就会造成一种隔绝感。人们会感到孤独，而当感到孤独时，他们就会保护自己。这不再是出于团队的更高利益（如果曾经有过这回事的话），而是为了给他们自己铺路。这与整个团队的利益完全无关。

冒牌者综合征

因为这个团队的成员分布在不同国家，缺乏对文化差异的理解，因而团队人心涣散，弗雷德说乔恩不了解他们在德国的工作方式，就暗示了这一点。

弗雷德感到自己比乔恩弱势一些。面对乔恩的挑战，他认为必须让自己看起来比乔恩更优秀，他的做法就是咬住自己原先的观点，而不是承认问题。他显然受到了"冒牌者综合征"（imposter syndrome）的影响（见图 9-1），也就是说，害怕人们发现他实际上不像他为自己所设定的"人设"那么光鲜。这种心理现象不一定是有意识的产物，但会引发我们所看见的那种行为。

图 9-1　冒牌者综合征

在工作场所中，恐惧心理并不鲜见。我们所能看到的最常见的恐惧有：

- 害怕失败:这种害怕犯错误的心理,有可能导致一种控制性行为,觉得自己必须表现得"完美"才行。
- 害怕被拒绝:这是一种担心别人不喜欢你,会把你推开的心理。这很有可能导致想要取悦别人,唯恐发生冲突。

这两种恐惧心理,虽然很自然,却会阻碍形成有效的团队合作。在优秀的团队中,人们会感到安全,彼此之间能够做到公开、透明,无须担心负面的后果。

团队成员难以通力协作的原因

1. 八卦文化

团队成员可能习惯了猜测和草草下结论。这经常发生在"关上房门之后",与透明的、让人尊重的沟通背道而驰。当这种风气形成以后,它就会肆意生长。猜测会引发更多的猜测、谣言,甚至夸张的想象。

2. 团队成员看不到好处

团队成员可能从未体会过强有力的、能全心全意支持的团队协作,因此就认识不到这可能带来的好处。

3. 团队成员不在同一地点工作

当团队成员不在同一物理工作场所工作,就难以形成一个团队的感觉,也很难形成跨地域的团队化工作方式。

4. 小团体心态

在团队中存在小团体和次级团队的现象并不罕见,但这完全无益于良性的团队合作。形成这种现象的原因是,两三人形成同盟，要比整个团队团结在一起更容易，除非他们得到了帮助去成为真正的团队。

5. 团队局势的变化

一个团队不会长久保持不变。自然发生的人员流动意味着不断会有人离开，也会有人加入。这样的变化，会使凝聚团队更加困难。

6. 团队成员并非都能尊重和支持他人

在团队中互相拆台的行为，如隐藏信息、背后搞小动作、排斥和霸凌，都会让团队四分五裂。

7. 团队成员认为自己掌握了所有答案

很多团队成员认为，领导者应该知道所有问题的答案——即使他们不这么想，领导者自己也经常这么想。总体看，大多数人都是如此；我们不愿意承认有些情况我们并不了解。尤其是当我们认为，别人觉得我们应该知道时，就更不愿意承认自己有所不知。

8. 团队成员不了解彼此的文化

基于文化价值观和习惯，每个团队成员都有各自的思想行为参照系，还会有不同的经历和个性。如果没有对其他文化和背景的宝贵知识，他们就难以彼此理解和接受，并坦诚地开展团队合作。当大家的风格彼此不同时，也可能会发生这样的状况。

> 我们不会按照事情的本来面目去认识，而是按照我们的想法去认识。
>
> ——阿奈丝·宁（Anais Nin）

第九章　如何打造通力协作的团队精神

不能通力协作的后果

- 虽然是一个团队，但团队成员效率很低，各自为战。
- 八卦和小团体心态让人们感到不确定、没保障。
- 团队成员感到孤独、彼此隔绝。这个问题，再加上对团队缺乏忠诚度，会导致他们不愿意再待在团队中。
- 人人自保。
- 当自己的文化和风格被人误解，团队成员会感到不被尊重、被排除在外、不被理解、倾诉无门。

对业务、客户、员工和利益相关者的影响

当团队流行背后八卦，团队的生产力和财务成果就会受到影响，这会浪费时间，引发员工的不安全感，进而影响团队效率。

下面这个例子说明，一个常见的问题如果不解决，就会导致团队四分五裂，团队氛围和业务成果也会受到影响。

> 韦恩得到了提拔，成了原来那些同事的领导。有两个伙伴也申请了这个职位，但是没有如愿。韦恩一直和同事关系不错，和其中一些人还是一起成长起来的。没多久他就意识到，因为他被提拔成了领导，其他人心里并不好受。他注意到其他人对他开始有所保留，当他出现时，有些人就会停止交谈。有一天他偶尔听到，有两个人正在抱怨他在做出某个决定之前，没有来征求他们的意见，其实他们在这方面有韦恩所不具备的一些知识。这让韦恩深刻地认识到，这种能够

察觉出来的较劲,正在影响人们对工作本身的关注和团队士气。时间和精力也受到了影响,大家都在抱怨事情太多,根本完不成。

当个体感到游离在外,并且士气受到打击,他们就会消极怠工,从而影响客户体验和团队的财务成果。这种游离在外的感觉意味着,员工不太愿意继续待在组织里了,这会导致更高的员工离职率,进而波及员工体验。要让新员工跟上工作节奏,并以更高标准做出工作贡献,需要投入时间。

孤立工作与团队精神相悖。

团队精神在大仲马的名作《三个火枪手》中有完美的描述。书中的名言"人人为我,我为人人",不但在作者刚写这本书时有价值,在今天同样适用。

例如,如果你认真观察世界杯比赛中获胜的足球队,会发现他们就突出地展现了这种团队精神。因为出色的球队总是把球队整体放在球员个人之前。没有一名球员能独自主宰一支球队的沉浮。事实上,重视每一个球员的作用,并且相信大家一起拼搏才会取得好的成绩,就是这些球队精神的核心。这就意味着,即使某个优秀球员流失了,这支球队依然强大。有趣的是,并非所有球队都一定如此,在有些球队中,某些球员感觉上或者实际上就是比其他队友地位更高一些。这样其他队员就会觉得矮人一头,潜在地不那么有价值、不那么重要。这样的话,当球星离开球队就会引发担忧,甚至导致球队的成绩扑街。

当具有很强的团队精神时,每个人都愿意为了团队"牺牲"

自己。他们知道团队的共同使命高于自己的日常任务。而且他们知道，自己对其他团队成员负有责任，要始终按照与团队的使命、目标相一致的方式去工作。事实上，在许多运动团体中，如果没有通力协作的精神，一个人甚至没有成为其中一员的机会。

在工作中，这种团队精神可能意味着，一名团队成员会取消与高级导师的会面，而去帮助一名患病或者因其他原因而落后的员工，尽管前者对他的职业发展很重要。当以团队为先个人为后，团队就能取得更大的成果和成功，这最终也是员工个人的更大成功。这是一种双赢的心态。

/解决方案/

要让整个团队接受通力协作的团队精神，需要付出时间、精力和努力。本书提出的所有这些方案，都有助于让这样的团队精神成为现实。所有这些解决方案的共同之处是，让团队成员能够因为同属一个团队而彼此了解、喜欢和信任，并希望取得更大的成功。这样的团队精神是能够实现的。

让我们具体讨论应该怎样做。

方案一： 停止八卦和假设

负面的八卦往往没有什么益处。它会制造障碍。然而，推测同时也是很自然的事情，这是你对听到的或者观察到的东西进行综合分析的方法。在不正常的八卦和正常的推测之间有一条微妙的界线。

消灭八卦的最好办法不是强行制止，是要让那些八卦的人去与正确的信息来源交流，而不是在背后嘀咕。不要掺和到八卦行为中。如果你或者其他人有一些担忧，很想探个究竟，那就公开去沟通，提出自己的问题，以得到澄清。如果八卦制止不了，就会成为一种文化，人们会觉得八卦很正常，慢慢地还会上瘾。

方案二： 把理由和益处说清楚

确保大家清楚团队协作的理由和益处。为了使之成为大家共有的价值观，要发动大家进行头脑风暴，讨论为什么要这样做、有哪些好处。当道理已经辩论得让人很信服，团队协作就成了不假思索的选择，不这么做，只能说明愚蠢。为了进一步贯彻这一理念，可以与大家分享一些其他团队因为团结协作而收获颇多的案例。一些体育运动队就是落实团结协作理念的生动范例。

方案三： 在虚拟团队中创造像本地化团队一样的密切联系

当团队成员位于不同的工作地点时，那些在本地化团队的日常交谈和互动中会自然而然产生的促进团队凝聚力的行为就没法产生，这就需要以有明确意识的努力来创建团队精神。与团队成员交谈，让他们认识到如何才能培育团队精神，也请他们为此出谋划策。表 9-1 罗列了一些可供参考的思路和想法。

表 9-1　培育团队精神范例

面对面的会议	如果可能的话，可以把大家召集到一起来启动一项工作，总结和庆祝取得的进展，同时解决一些冲突。在个人层面，在可行的时候，进行面对面的绩效评价。
创建团队图	一张团队图能够描绘出一个团队的全貌，看到已经做了什么，以及还应该做些什么。这能方便团队运作，也有利于其取得成功。对于需要扩大战果的团队来说，这是必备的方法。大家共同协作，创建出一张非常清晰的团队图，列出团队的目的、目标、规划、所需资源、角色和责任以及运作指南（我们如何协作）。这样一张团队图是大家共同的作品，属于大家，也需要大家共同来落实。
电话会议	始终要有关于电话会议的议程安排，这样每个人都知道什么时间要开会，可以提前做准备。始终别忘记，通过电话开一个创造性、开放性的头脑风暴会，肯定是有好处的。确保每人都有全体团队成员的照片，当相应的人讲话时，可以看着他的照片。也可以使用能够参与电话会议进行视频连接的设备，这样就会创造出与面对面会议更相似的效果。电话会议可以由大家轮流组织。
采用技术手段	建立在线聊天室，这样团队成员就能在相对轻松的状态下互动，大家可以在这里互相交流彼此都关心的事情的最新消息。另外一种使用聊天室的方式是，规定虚拟晨间咖啡时间或者茶歇时间，这样大家就可以在一个专门的时间段休息并交流。
创建工作小组	只要运用得当，从创建子团队到在特定时间制定一个新方案，再到扩大思想经验交流、培育团队精神，都可以采用这个方法。

方案四：　讲话时多用"我们"

养成在讲话中用"我们"的习惯。当你谈到团队时，不管是在团队内还是团队外，用词都要显示出对团队的归属感，并鼓励别人也这么做。以下是一些例子。

- 我们有一些很好的机会去……
- 我们能够一起……
- 我们怎么来一起解决这个问题呢?
- 这是我想为我们做的事情……

方案五: 建立可以迁移的团队技能组合

无论你在一个团队中学到了什么,你都可以将其带到下一个团队。团队协作的方法永远不会失效。如果你处于一个团队中,应该完全投身其中,拥抱团队协作,并学习团队协作的智慧。这样的话,当你来到下一个团队后,无论是作为领导者还是成员,你都掌握了如何创建和维持一个强有力的团队的知识。要用好这种可以迁移的团队技能组合。

方案六: 交流时彼此尊重

交流的方式与交流的内容同等重要。想想你是怎么与同事交谈或者回应他们的。例如,当一位同事向你求助,你十分愿意帮他,但现在不得不去学校接孩子。你可以只是说:"不,我帮不了你。"也可以说:"我真想帮助你,可是非常遗憾,我现在必须离开去接我的儿子皮特,他正在学校等我呢。我明天再帮你好吗?"换作你,你喜欢哪个回答? 所以你能看出来,这里关键不在于说什么,而在于怎么说。

在话语中体现尊重的另外一个方面是,在优势和待发展领域,你如何向其他人反馈。无论是对于个人还是团队,一对一指导都是一个能够促进发展和成长的非常有力的方法。在进行反馈时,要把最大限度地顾及对方利益记在心上,正面地、建设性地与人分享你的特别发现,及其可能带来的影响。要表现出关心;在运用语言、语调和身体语言时,要能够真诚地传达寄托着你的关注和善意的信息。

方案七: 答案就在团队里

每个人都会把他们的知识、见解和答案带给团队。没有人能掌握所有问题的答案。这就是为什么那些杰出的团队要确保把每个人都纳入创造性过程和发现事实的过程中。鼓励团队成员放下戒备,欣然接受他们并非无所不知,对他人的建议保持开放心态,当认识到其他人具备优势时,也不要觉得受到了威胁。

方案八: 了解并利用团队中的文化

全球化意味着越来越多的团队正在成为跨文化团队,其成员来自不同的城市、地区和国家。这是多样性的重要来源,有助于丰富团队的知识和技术。拿出时间去了解他人的文化,在差异中寻找机会,不要因为陌生而感觉受到了威胁。经常问自己这样一个问题:在团队中,我们各不相同的背景,能带给我们什么独特的深刻见解?这样你就能够增加团队的文化商(cultural intelligence),这可以视为情商(emotional intelligence)或社会商(social intelligence)的组成部分。

方案九： 团结起来， 应对共同的挑战

再没有比把人们凝聚到一起更有挑战性的事情了。一般来说，危机关头，人们更容易并肩而立。那为什么非要等到危机到来，才去共克时艰呢？从现在起就团结起来，让大家聚焦在共同面对的挑战上，从曾经经历的任何危机中吸取经验，并把这样的学习过程带到日常的团队协作中。

让我们看看如果大卫、弗雷德和乔恩采用上述解决方案，可以怎样做。

> 每周一次的团队电话会议正开得热火朝天。
>
> 大卫问道："我们在杜塞尔多夫的项目进展得怎么样了？"
>
> "我们正在按计划推进。所有事情都在掌控之中，没有什么需要报告的。"像往常一样，弗雷德的回答总是简明扼要，并且积极乐观。
>
> 乔恩感觉有点不太舒服。他比几个月前更了解弗雷德，但他仍然有点疑问，弗雷德每次开口讲话时，到底有没有把事情说全呢？乔恩决定把问题挑明。
>
> "弗雷德，我知道事情的进展比较顺利，但还是想分享一下我的一点看法。上周我在杜塞尔多夫参加了一次项目会议，会上有人对项目第二阶段季度末的节点有些担忧。也许我对在德国做项目的复杂细节不是很清楚，所以我觉得我们应该一起把现在面临的情况探讨一下。"
>
> 弗雷德回应道："很感谢你能提出这个问题。我们的运作

方法有许多不同的方面,这可能就是大家产生不同认识的原因。让我来解释一下。"接下来,弗雷德分享了项目的整体情况。他讲完后,乔恩再次发言。

"谢谢你,这真的很有帮助。今天我了解到一些新情况。这对我们应该如何搞好下一个项目,给了我一些启发。我想我们各个工作地点之间应该加强协作,分享最佳实践,并挑战现状。"

让弗雷德感到高兴的是,乔恩表达了谢意,并且表示他从自己这里学到了东西。这让自己感觉很好,因此也愿意继续探讨加强协作这个建议。

大卫点点头,不用等自己要求,下级就能够承担起共同的责任,这打动了他。是的,这个团队的工作正在很好地推进。

团队和团队领导者的行为

针对上述解决方案,表9-2列出了一些行动项。在这些行动项的支持之下,上述解决方案能够收到很好的成效。这些行动项本身发挥的所用是有限的,但是当团队成员有了正确的行为,你就能使你的团队越来越有效地开展协作。

表9-2 促进通力协作行动项

解决方案	行动项	成效
停止八卦和假设	坦诚 友好	当你能做到友好且坦诚,你就是在鼓励其他人效仿,这样一来,八卦就没有空间了。

续表

解决方案	行动项	成效
把理由和益处说清楚	好奇 倾听	有了一种好奇且开放的心态，你们就能一起找到团结协作的理由。你可以邀请你的团队成员献计献策，表现出重视他们的意见，这样大家就很愿意与你一起工作。
在虚拟团队中创造像本地化团队一样的密切联系	观察 倾听	要与团队成员同频共振，听听他们说什么，观察他们的行动和反应，让自己更清楚，要培养他们彼此之间的亲近感，还需要做些什么。
讲话时多用"我们"	包容	始终想着自己是团队中的一员；这能让你很容易做到包容他人，把"我们"挂在嘴边就成了很自然的事情。
建立可以迁移的团队技能组合	好奇	当心怀好奇时，你就愿意寻找团队学习的机会。不管是在哪里，身处什么样的团队，你都会愿意探索如何建设尽可能达到最好的团队。
交流时彼此尊重	友好	友好地对待你的团队成员，内心始终给予极大的关注，你表达信息的方式自然就会为人们所喜闻乐见。
答案就在团队里	好奇	如果心中怀有好奇，你就能够看到团队成员的想法、经验和知识，并表现出你的重视。你想要的所有问题的答案都在团队里，你只需要去发现。
了解并利用团队中的文化	好奇 心态开放	团队中每个人都与众不同，都能给团队做出独特的贡献。如果心态开放，你就愿意倾听并重视那些与众不同的想法，团队成员也会充分挖掘这一宝贵资源。
团结起来，应对共同的挑战	坚决	表现出你的决心和力量，以此传达你对团队的承诺以及当下面临的挑战。

团队和团队领导者的想法与感受

想要团队成员团结协作,就要积极地汰换那些对此不利的想法和感受。表 9-3 是本章案例中反映出来的想法、其对感受的影响,以及如何才能加以改变。

表 9-3 消极的想法与感受 vs. 积极的想法与感受

消极的想法	消极的感受	积极的想法	积极的感受
他是不是又隐瞒了什么事情?	怀疑	我想他是不是还知道其他一些东西。我会向他询问,鼓励他说出来。	好奇
我担心乔恩的经验比我丰富。	忧惧	我和乔恩一样,都能做出自己有价值的贡献。	自信
他不管说什么都是虚晃一枪,他只顾做自己的事情。	无助	在讲话时体现尊重很重要,这样我们才能取得进展。	希望 自信
弗雷德虚张声势地高声理论真是没什么必要。	沮丧	我对别人是开放的,也没有先入之见,我会倾听别人,但必要时也会质疑。	平静 自信
现在这会开得太长了。	无助	这次谈话可能也很有价值。	希望 自信

/ 总 结 /

投入你的时间

让团队达到《三个火枪手》中所说的"人人为我,我为人人"

的境界并非遥不可及。每一个团队当然都应该探索这种可能性。如果你身处一个团队中，就要做到身在心也在。团结协作就是要把你们是一个团队这一事实充分展现出来。要把自己视为一个全天候的团队成员，而不只是一名个人贡献者，要把自己的时间和努力投入团队。

让大家畅所欲言

当团队的每一位成员都乐于为团队利益做贡献，而不是只为自己着想，想想身为这样团队的一员该是多么自豪。要让所有团队成员都积极投身于团队，乐于开口，为团队取得卓越的成绩慷慨献言。

/反　思/

- 我能不能很情愿地承认，我并没有解决所有问题的答案？
- 我如何才能充分表达出对团队成员的尊重？
- 作为一名团队成员，当下我能从团队学到什么？
- 我们如何才能让电话会议更有效、有趣、有价值？
- 我们现在需要团结一致去解决的主要挑战是什么？
- 我们有哪些可以迁移的团队技能组合？

二次测评

当你实施了本章提供的解决方案之后，请再次回答这些问题，看看你所取得的进展。你如何评价你的团队在以下方面的表现?

指标	1 很差	2 差	3 一般	4 好	5 卓越
通力协作的团队精神					
互相尊重					
互相支持					
了解团队的动态					

第十章
如何让团队成员朝同一方向前进

- 提高对团队共同使命的认识
- 让每个人都承担起团队的使命
- 让团队成员为取得共同成果统一步调

没有行动的愿景只是梦想,没有愿景的行动只是空度时日。有行动的愿景能够改变世界。

——乔尔·巴克(Joel Barker)

第十章 如何让团队成员朝同一方向前进

自我测评

在阅读本章内容之前，请完成下面的快速自我测评。对团队的以下各项指标你如何评价？

指标	1 很差	2 差	3 一般	4 好	5 卓越
共同使命的清晰度					
团队的共同责任					
理解每个人的角色和责任					
向同一方向前进是重中之重					

一个七拼八凑的团队

团队刚又进行了一次重组。泰德发现自己又在向一位新经理汇报。这是两年来换的第三位经理了。

"我并不在意这条新的汇报线。唐纳德不是一位糟糕的团队领导者，但这意味着我现在要和特雷弗一起共事了。和他一起工作，可真是没什么意思。我们之间没有任何共同点。事实上，我甚至觉得，他根本就谈不上理解我们团队的工作，更别提与我们共同协作了，这让人觉得是在乱来，是在强人所难，也让人感到不舒服。现在唐纳德想搞一些共享性团队活动。我要把这些情况和他谈谈，这根本没有什么必要。"

唐纳德恰在此时走进泰德的办公室，打断了他的思考。

"你好,泰德。很高兴能在办公室抓到你。为了规划中的团队活动,我想和你核对一些数据。"

泰德眼朝下看着,没有迎上唐纳德的眼神。"好吧。"他低声说。

唐纳德没受影响,继续说,"我想在2月10日举行团队活动,你时间方便吗?"

"不确定,我只有10%的概率有时间。2月份总的来说,我都不太方便。"

"嗯,但必须得在2月份举行。你哪天方便?"

"我不想让别人觉得我不好合作,但我的确看不出和特雷弗的团队搞这次活动有什么意义。我们和他们的唯一共同之处就是都向你汇报。这不会把我们变成一个团队,至少我认为不会。"泰德稍微停顿了一下。

唐纳德甚至没有想到,把同是直接向自己汇报的两个团队聚在一起搞个活动的计划还会遭到抵制。

"这有什么问题吗?你们都直接向我汇报,所以你们都是我这个大团队的一部分。所以这次团队活动要往下推进。请告诉我,你2月哪天有空?"

"好吧,12号应该可以。"泰德表示接受。"但这次团队活动是做什么呢?这个活动的目的是什么?"

唐纳德有点恼怒,语气也变得生硬:"你听着,泰德,是这么回事,因为你们都直接向我汇报,所以你们必须成为一个团队。我们就这么办吧,这次活动有助于我们的团队建设。

第十章 如何让团队成员朝同一方向前进

通过活动我们能更好地相互理解,就是这么回事。"他的语气意味着这次谈话到了尾声。

唐纳德离开后,泰德比谈话前更沮丧了。

"我可不想跟特雷弗有什么瓜葛。我的团队和他的不一样。我想不出我们有什么共同之处。"

/问题分析/

泰德显然是在努力思考,他的新同伴和他之间有什么联系。

他知道,他们是因为组织的变化而被拼凑在一起的,但他不知道什么能够让他们成为一个团队。

唐纳德认为泰德和特雷弗应该成为一个团队,因为他们都向他汇报。但这对泰德来说并不够,这次谈话后,他感到很沮丧。

感觉自己比他人优越

泰德感觉自己比特雷弗和他的团队更强。泰德不觉得特雷弗和自己旗鼓相当,也没有觉得他能达到自己这么好的水准。因此他觉得和特雷弗搅在一起会对他在组织中的形象和美誉度产生负面影响。这让他显得不像平常那么容易合作。

没有共同目标

泰德看不到特雷弗和自己有什么共同点,因此很排斥和他们属于同一个团队的观点。无论是他们个人之间,还是两个团队之间,都没有什么共同目标。

他们没在做同样的事情,也没有在朝同一个方向前进。

当团队成员没有认识到有共同目标,他们就没有明显的理由去团结协作。

唐纳德想让泰德和特雷弗成为一个团队,有他自己的现实目的,但他未能给出一个令人信服的理由,也可能根本就没有想过这还需要什么理由。

团队成员不朝同一方向前进的原因

1. 他们不知道该往哪里走

没有共同的目标和方向,人们就会各行其是,只专注他们的具体工作任务,或者干得很少,因为他们没有超越的动力,想的是把自己的工作完成就可以了。

2. 存在角色和责任的冲突

如果设定的职务角色和职责互不相干,那么这些角色之间的任何联系都不可能被充分地研讨出来。比如,当两个团队是合并而成的或者责任链条模糊不清时,就会造成这种情况。这可能意味着,或者有太多的人为同一项任务负责,或者没有人为其负责,这两种现象都会瓦解大家朝同一方向前进的意识。

3. 他们的目标没有协调一致

没有团队目标,人们就只会追求个人目标,团队成员各自的目标就可能会互相冲突。这又会进一步加深人们对大家没有朝着同一目标前进的感受,而且情况还会螺旋式下降,直至走到互不合作的地步。

4. 他们不理解自己的目标

他们或者是不知道何为目标，或者是对于那些需要真正理解并且为之努力的目标没有建立起情感上的联系。

5. "大家需要向同一目标前进"这个要求看起来不明显

一名团队领导者可能会想当然地认为，团队成员能够认识到，大家要为达成同一个目标而共同努力，而根本不需要明确指出来。许多领导者都觉得有这样的假设是不言而喻的事情，尤其是当他们自认为目标已经很清晰的时候。

6. 团队的目标和方向没有得到优先考虑

团队的目标和方向没有经过讨论，因此也没有得到优先考虑。关注点放在了现时现地那些短期的、个人性的工作任务上，而不是按照团队的逻辑确定关注对象。

7. 他们不想一起协作

由于性格差异、当前的冲突、以往不成功的合作经历、互相不了解、互相不喜欢、互相不信任等诸多原因，大家不愿意协作。涉及彼此双方的发生在以前的糟糕经历，会影响彼此的意见。这又会决定他们其后的看法，即使当前的现实情况与以往已经有了很大的不同，但人在不同的环境之下，表现也会不同。

当感觉自己没有被纳入进来，或者对某件事情没有发言权，人们也会产生抗拒性反应。

团队不朝同一方向前进的后果

- 打击士气，影响团队成员的忠诚度。这样的话，团队成员可能就需要通过其他渠道来为自己赋能，这会让他们疏远自己的工作，心不在焉，失去焦点。

- 导致工作/责任重叠，出现多余的工作、重复的工作和低效率。当职责不清时，就意味着有可能做得太多了，也有可能做得太少了。
- 团队成员可能会开始建立自己的目标，这可能会和其他团队成员的目标相冲突，导致他们更加互相疏远。最终大家都各行其是，更多受到自我利益的影响，而不是为了团队的最大利益。他们都孤立地工作，只关注自己的需求。结果在团队内部，他们互不关心，在团队外部，他们互不帮忙。这可以被视为对团队失去了忠诚。

对业务、客户、员工和利益相关者的影响

当雇员不能协调一致，朝同一方向前进，组织就会因返工、员工忠诚度下降，甚至人员流失而付出代价。重复的工作和努力也会对团队的经济效益产生影响。

> 米歇尔正在和同事开电话会议。其中一部分同事在其他的办公地点工作，大家互相之间主要通过电子邮件和电话会议沟通。会议的主要内容就是由一个人针对工作成果发表长篇大论，这与米歇尔关系很小，她经常在心里质疑，这种电话会议有什么价值。她发现自己被手机拍照的新功能吸引住了，开始拿手机拍窗外的风景。突然她听到有人在喊自己的名字，这又把她拉到电话会议，于是她开始讲自己的最新进

展。大约一分钟后,一个同事打断了她,问她为什么要汇报他刚刚已经讲过的事情。这对米歇尔来说是个新闻,因为她从来没有听他讲过他的工作进展,也不知道他原来是在搞一个类似的项目。出了这样的事情,她很生自己的气。花了这么大气力结果却和别人撞了车,这更让人沮丧。

这个案例指出了重要问题:团队成员正在各自为战,不知道别人在干什么。他们也缺乏共同的方向感和责任感,因此对于电话会议上所讨论的内容兴趣平平。

当目标和团队成员没有建立起明确的联系时,领导者就亟须关注这个问题,特别是当大家的目标互相起了反作用时,更要赶快纠正。如果团队成员早些认识到他们的共同目标,并且担负起共同责任,这种情况就未必会出现。解决这样的事情会浪费领导者的时间,也会影响团队的自尊。

让我们再看另外一个例子。

> 某服务型组织近年来员工离职率一直很高。通过离职面谈,该组织人员发现,大部分离职者都经历了一种对工作的"无意义"感。他们报告说,感觉工作就只是为了实现几个数字,他们不知道组织的目标,也看不到组织的大局。这让CEO痛切地认识到,他们没有与员工进行很好的沟通,员工不知道公司存在的理由是为客户创造出一个没有后顾之忧的环境。如果员工早知道这些,他们的工作就会有目标,也会认识到自己发挥的作用远远不是实现几个数字。他们就会与组织建立起情感层面的联系,并赋予工作更多意义。

就像这个案例所展现的，人会对目的做出回应。如果员工看不到他们是在为一个更大的目标做贡献，只看到眼前的具体工作任务，工作就没有那么吸引人、鼓舞人；反之，如果他们认识并接受了这个大目标，心态就会有根本的不同。

/解决方案/

马丁·路德·金（Martin Luther King）有句名言："我有一个梦想……"但他没有说："我有一个战略规划……"（他也许也有一个战略规划）。这两件事情在本质上是非常不同的，但在发展的不同阶段都恰当且有效。战略规划很少能让人感到激情澎湃，那不是它的目的，但是梦想和愿景是宏伟且吸引人的。好的愿景都有一些共同点。它们是鼓舞人心的，描绘出了一幅令人信服的、富有感染力的美妙画卷，人们对此深有体会，会真心实意地投身其中。宏伟的愿景会让你体会到，当愿景实现的时候，会是什么样的景象；你会有什么样的感受，从目之所及耳之所闻中你会发现什么。这会让人们热情高涨，并且会付诸行动。

领导者的职责就是要给出一个让大家能够团结起来的理由、目的，鼓励大家去实现愿景，至少是对愿景产生渴望。愿景给团队所做的工作赋予了意义和目的。

为了发挥出愿景的全部威力，你也需要了解现实情况。如果愿景深入人心，它就能引领团队成员采取必要的行动去实现它。

第十章 如何让团队成员朝同一方向前进

如果愿景非常诱人，就能吸引团队心向往之。现状和愿景之间自然存在的紧张关系就会得到缓解。

这有助于团队创建战略规划，朝着愿景所在的方向前进（如图 10-1 所示）。

图 10-1 现实情况到愿景

对人的动机的研究发现，目的是内在激励中最强大的因素之一。目的能够回答"为什么"的问题，并为我们正在做的事情赋予意义。

通过鼓励团队成员朝一个方向前进，就能克服团队成员千差万别所带来的挑战。

方案一： 创建愿景

如果现在没有愿景，那就要创建一个。如果你想打造王牌团队，以下的内容供你思考。

一个宏伟的愿景会让人梦寐以求；你不一定能够完全实现，但是你需要始终感受到它的牵引力。你甚至可能抬杠说，你就不想实现什么愿景，因为实现了以后，还得再建立一个新的。这个不用多考虑，愿景就是能够激励你，推着你向前走的东西。

以下这个愿景创建练习，可能会对你有所帮助。

找几本杂志、剪刀、胶水、胶带、便笺纸,以及一张大图板。让大家浏览杂志,剪下任何能够吸引自己注意力的图片或者文字,作为其愿景的代表物。让大家聚焦未来展开思考,当实现愿景时,其所见、所闻、所感将会如何?把这些图片贴到图板上,做成一张拼贴画。让每个团队成员都讲讲为什么要选择这张图片,以及它和公司的愿景有什么联系。让团队成员通过讨论,形成用以创建和描述愿景的关键词,然后再用这些词来创建公司的愿景。

以下是一些可供参考的团队愿景范例。
- 成为行业中最好的服务团队。
- 成为人人想来工作的团队。
- 通过帮助每一位顾客成为能够全力支撑组织的团队。

方案二: 一起识别共同使命

与愿景有紧密联系的是团队的使命。一个团队的使命就是其存在的理由,就是其要干些什么。要让团队成员都参与到对团队共同使命的识别和澄清中。所有团队都有共同使命,都有存在的理由,所有团队成员都要理解和认同。让大家能够参与其中,而不是直接告诉他们团队的愿景和使命是什么,要让每个人都把团队使命当成自己的目标。可以通过团队氛围研究来思考团队的使命,并把思考结论作为过程输入,来加快这一识别和澄清过程。团队氛围研究的简单过程如下:
- 第一步:访谈每位团队成员。

- 第二步：把所有的访谈笔记，以及每个人对使命和团队的想法都收集起来。
- 第三步：开会评论团队使命和团队氛围研究的结果。因为大家已经从研究中了解到了很多东西，讨论就可以更加有的放矢。

方案三： 让团队的使命有坚实的根基

团队的使命既要让所有人都清楚，也要切实可行。使命要能够实现。让使命有坚实根基就是要建立起团队的路线图，向大家解释清楚"只要我们这么做，就能完成当下的工作任务，就为组织整体愿景和使命的实现做出了直接贡献"。团队路线图能把每个人都联系起来，也能让大家看到团队事业的全景。

方案四： 明确角色和责任

明确所有团队成员的角色和责任，大家就更容易为团队使命承担起自己的责任。你可以通过下面这个练习，让大家都认识到自己在团队中的责任。

> 第一部分：轮流写下自己的角色和责任，然后让别人写下在他们眼中你的角色和责任，两相比较：有没有抵牾之处？如果有的话，这可能就是你的团队难以协调一致的原因之一。
> 第二部分：识别出大家都喜欢做什么，并据此重新分配职责，或者推行"结伴制"，让大家就那些自己喜欢做的事情进行分享和传授。当做那些我们喜欢的事情时，我们会更开心，也更容易做好。

方案五： 建立团队共同的责任

个人责任重要，但共同的责任也很关键。讨论作为一个团队，你们的共同责任是什么，从根本上说，这是为了实现团队的目标。每个人都要意识到，要为团队的总体成果负责，而不仅仅是为了个人目标负责。做到这一点的一个方法是，确信所有的目标在某种意义上都是一致的。所以，不考虑团队的使命，要实现个人成功不过是缘木求鱼。团队的共同责任见图 10-2。

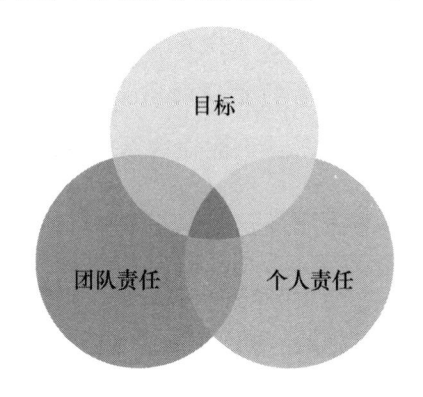

图 10-2 团队的共同责任

方案六： 建立联系

即使团队成员之间只存在微弱的联系，就如前面案例中的泰德和特雷弗，你也可以使之变得更加牢固。你可以通过他们对组织的贡献，以及成为团队后可以获得的益处，来积极探寻二者之间的共同点，为之建立共同目标。

方案七： 通过危机找到方法

当危机发生时，人们更关注团结协作，以应对危机。如果你的团队经历了一场危机（如系统崩溃、负面新闻、严重的顾客问题），就可以把这场危机作为借鉴。看看自己是怎么做的，哪些做法有效，哪些做法无效。分析你们应该如何协作，如何校准方向以取得成果。不要等到下一次危机来临时再开展协作，这样的协作应该是日常行为。

方案八： 提供关于个人长处的反馈

要有敏锐的洞察力，辨识出每一个人能够如何为团队做出贡献。要看到他人的长处，并向其反馈。基于长处的反馈就是，当某人发挥了自身的优势，并且为实现团队目标做出了明显的贡献，你就要与他分享这一具体的观察发现。你能给出的信息越多，就越有帮助。就像下面这样的交流：

> 我已经有好几次注意到，你在信息综合分析方面很出色。一些看起来互不相干的信息，经你一分析，就有意义了。你今天在这方面做得尤其好。在今天的会议上，你主动提出分享你的发现，经你一解释，大家也都有了同感。结果很好，我们对于如何解决新的客户要求这个问题，很快达成了共识，并形成了新的看法。真的很棒，请继续这么做下去！

要告诉大家，他们有什么长处，而不是总说他们哪里做错了。

要强化大家的长处，并帮助他们更好地发挥自己的长处。当听到自己有哪些长处时，人们就会将其与实现自己的目标联系起来，进而与团队目标的实现联系起来。

方案九： 创建团队图

所谓团队图就是一份文件，描述了团队的使命、框架和协议——上面列出了很多解决方案。这份文件由团队自身来创建，因此是一份强有力的、可视化的共同承诺。典型的团队图包括以下内容：

- 团队的使命及其与组织愿景和目标的清晰联系。
- 期望和目标。
- 角色和责任。
- 需要的技能和专长（为了完成使命）。
- 需要的资源（为了完成使命）。
- 操作指南：行为，以及团队应该如何协作（为了完成使命）。
- 签署协议。

让我们看看如果泰德和唐纳德采用上述解决方案，可以怎样做。

唐纳德正在苦思冥想。在最近的重组中，他受命把两名高级领导者收为部下，他们以前没有协作过，从表面看他们之间也没有什么共同点。但无论如何，也要把他们融进团队。

"但仔细琢磨下来，还是有很好的机会让他们融入我的团队。泰德的国际经验加上特雷弗的客户知识，有助于我们以一种富有创造性的方式看待客户关系。我将和他们两个一起坐下来谈谈，告诉他们怎样做才能让两个团队都为总体的客户体验做贡献，同时也听听他们的想法。我想，我们能够就此开创出新的局面。"

他拿起话筒，先给泰德打电话。

"很高兴能抓到你。我有些有趣的想法想和你分享。我知道，因为汇报关系的改变，一开始是引发了一些担忧，但现在我们也由此发现了一些新的机会，我想你会喜欢的。我们见个面聊聊怎么样？"

泰德的兴趣被激发起来了。"那肯定。你今天有空吗？我们现在就可以谈谈。"

团队和团队领导者的行为

针对上述解决方案，表 10-1 列出了一些行动项。在这些行动项的支持之下，上述解决方案能够收到很好的成效。这些行动项本身发挥的作用是有限的，但是当团队成员有了正确的行为，所有人就能朝着同一方向前进，团队就拥有了一个能够指引方向的罗盘。

表 10-1 统一方向行动项

解决方案	行动项	成效
创建愿景	受到激发	当你感到自己受到了激发，别人也能感受到你的激情，也会受到感染，一起去实现愿景。行为会影响行为，如果你会受到激发，那别人也会。

续表

解决方案	行动项	成效
一起识别共同使命	鼓励人合作	我们都想知道,我们的哪些行动产生了成效,所以鼓励大家一起来创建目标,就会让他们觉得自己是一项大事业中的一分子。他们愿意投身于一项与自己个人有关的事业。
让团队的使命有坚实的根基	务实	如果团队的使命是有坚实根基的、现实可行的,团队成员就会觉得能够实现,也愿意为此加倍努力。
建立团队共同的责任	包容	每个人都希望自己是局内人,也是相关的、重要的。让团队成员共担责任,大家会更认同团队,心情也会更舒畅。
建立联系	有说服力	鼓励和引导团队成员认识到彼此之间的联系——使之更引人注目。这意味着你能明确地帮助他们,让他们始终与团队保持联系。
通过危机找到方法	有创造性	通过在危机中思考和学习,你就能建立起学习的文化,这能让大家在日常工作中变得更有创意。
提供关于个人长处的反馈	善意 深思熟虑 关心人	通过积极强化他人的长处,你就能鼓励他们在团队中发挥自己的长处。人们会因此而受到鼓励。
创建团队图	上心	你把团队放在心上,大家就会更投入,并且愿意投入时间为团队"如何做"以及"做什么"贡献才智。

团队和团队领导者的想法与感受

期望团队成员能够一起朝同一方向前进,就要积极地汰换那些对此不利的想法和感受。表10-2是本章案例中反映出来的想法、其对感受的影响，以及如何才能加以改变。

表 10-2　消极的想法与感受 vs. 积极的想法与感受

消极的想法	消极的感受	积极的想法	积极的感受
我们根本没有任何共同点。	敌意	我们会有哪些共同之处？我想想看。	好奇 希望
不管怎么说，我们现在要一起工作了，我觉得真是没有什么意思。	沮丧	我相信如果一起合作，无论如何都会有价值。让我们共同去发掘。	希望
我不想让别人觉得我不好合作，但我的确看不出和特雷弗的团队搞这次活动有什么意义。	沮丧	我愿意合作，既然参加，就要让这场活动有价值。	决心
与特雷弗在一起，有损我的形象和声誉。	担心	我的形象和声誉要靠自己建立和维护。	自信

/ 总　结 /

理由

一个团队要想朝着一个方向前进，就必须知道他们正走向哪里，正在为什么做贡献（愿景）以及这样做的理由是什么（目的）。把这些事情讲清楚，能够为大家提供一个认识框架和行动动机，就能把整个团队激发起来，一起朝着目标努力，实现团队的使命。

要记住，愿景要引人注目，使命要有意义。这两者的分量都足以激发人们的响应，那种让某人某事因我而有所不同的感受，同样有激发人心的能量。这方面一个突出的例子是，美国国家航空航天局（NASA）的一名保安说他的使命是让航天员上太空。他能看到自己工作的重要性，看到自己能对航天事业有所贡献，因此他会看重自己，会为这份事业而奋斗。

要花时间关注使命

只要团队存在，就要尽早把时间用在这里。这也需要每隔一段时间，就做一下回顾反思和再承诺，当制定或调整目标时，当新的团队成员加入时，也都需要这样做。一个清晰的目标和共同的使命，能给新成员提供清晰的框架，能让他们更快地领悟到工作的意义，以及怎样才能为组织做出贡献。

/ 反　思 /

- 有了具体的愿景，能让我的团队从中受益吗？
- 我们是不是都知道团队的使命是什么？
- 为了更好地实现我们的使命，我们应该怎么做？
- 我们经历的哪些危机能让我们从中学到一些东西？
- 我们团队共同的责任清晰程度如何？

二次测评

当你实施了本章提供的解决方案之后，请再次回答这些问题，看看你所取得的进展。你如何评价你的团队在以下方面的表现?

指标	1 很差	2 差	3 一般	4 好	5 卓越
共同使命的清晰度					
团队的共同责任					
理解每个人的角色和责任					
向同一方向前进是重中之重					

附录 A
概要回顾

本书讨论的是一些简单的事情，如果能够全部落实这些解决方案，就能让团队变得更好，甚至伟大。但是正像其他所有事物一样，只有你真正采用，它才会有效。所以通过阅读本书，不管你准备采用哪条建议或者解决方案，都重在落实。为了对你有所帮助，我们把所有解决方案都列在这里，供你参考。

挑战一： 如何建立信任

- 鼓励团队成员开口说话。
- 坦诚分享，团队就会更开放。
- 如果团队缺少开放的氛围，你要确定你愿意以及准备分享什么。
- 在关系建设方面投资。

- 必须花时间彼此了解。
- 解释清楚为什么彼此相知对良好的协作很重要。
- 说到做到。
- 不要回避问题。

挑战二： 如何化解冲突和紧张

- 沟通，沟通，再沟通。
- 聚在一起，问一些有建设性的问题。
- 把人往好处想。
- 换位思考。
- 把团队成员的目标联系起来。
- 放下自己必须对的执念。
- 有自尊地工作。
- 以合适的方式表达不同意见。

挑战三： 如何鼓励团队成员分享信息

- 从自身开始！
- 让人们看到效果。
- 创建并执行 PODS。
- 与团队的大目标建立起联系。
- 分享发挥作用并取得成果后要庆祝。
- 敢于分享。

挑战四： 如何提升敬业度

- 责任就是有能力响应，榜样就是以身作则。
- 清楚地沟通团队的目的和每个团队成员的职责。
- 告诉人们他们现在干得怎么样。
- 让团队成员以创新的方式做好本职工作。
- 要对团队成员真正感兴趣。
- 持续探讨员工的能力开发问题。
- 庆祝成功。
- 使敬业传播开来。
- 建立团队自尊。

挑战五： 如何创建开放透明的团队氛围

- 说真话。
- 奖励透明。
- 领导要以身作则。
- 主动与利益相关者接触。
- 透明地回答问题。
- 有透明的价值观。
- 把透明作为强制性要求。

挑战六： 如何鼓励长期思维

- 平衡短期汇报和长期汇报。

- 培养着眼长期进行思考的能力。
- 研究竞争和市场。
- 做一个"时间猫头鹰"。
- 制定团队目标和奖励方案。
- 传达总体目标。
- 为团队花时间。
- 用长远眼光看待团队成员。
- 让大家建立大局观。

挑战七： 如何塑造团队美誉度

- 业绩管理。
- 养成成功的习惯。
- 负起责任。
- 把学习重新整合到更好的解决方案中。
- 征求反馈意见以了解外部看法。
- 管理团队的美誉度。
- 创建团队品牌。

挑战八：如何提高团队管理变革的有效性

- 策略和沟通规划。
- 慢下来。
- 积极强化优势。
- 沟通变革曲线。

- 认识到你和他人不在变革曲线的同一阶段。
- 展现出情商。
- 沟通，沟通，再沟通。
- 针对不同的人使用不同的方法。
- 团队决策。

挑战九： 如何打造通力协作的团队精神

- 停止八卦和假设。
- 把理由和益处说清楚。
- 在虚拟团队中创造像本地化团队一样的密切联系。
- 讲话时多用"我们"。
- 建立可以迁移的团队技能组合。
- 交流时彼此尊重。
- 答案就在团队里。
- 了解并利用团队中的文化。
- 团结起来，应对共同的挑战。

挑战十： 如何让团队成员朝同一方向前进

- 创建愿景。
- 一起识别共同使命。
- 让团队的使命有坚实的根基。
- 明确角色和责任。
- 建立团队共同的责任。

- 建立联系。
- 通过危机找到方法。
- 提供关于个人长处的反馈。
- 创建团队图。

无论你的团队面临什么样的挑战，都要记住：

尤其要关注行为（如何落实这些解决方案），如果你想实现真正的长期变化，就要特别关注行为。你的行为举止会影响其他人，并且会产生涟漪效应。只有开始改变日常的行为，才能实现转型变革。

附录 B
团队研讨会工具箱

下面提供能帮助你举办为期两天的团队研讨会的工具箱，有助于推动团队协作并取得成果。团队研讨会的本意是让团队成员在深层次上达到更好的相互了解，并建立/澄清共同使命，以共同协作的方式方法一起前进。如果只能抽出一天时间，可以依据你希望研讨会达到的效果，调整活动安排。

/举办研讨会之前需要做什么/

规划并进行调研

首先回顾、讨论组织的愿景和公司的价值观：希望人们如何表现和行动？长期和短期的战略、目标和规划各是什么？谁是主要的竞争者？目前的市场形势、威胁和机遇是什么？

然后思考你的团队怎样与总的大局对接？你怎样为实现公司的愿景做出贡献？检视与团队有关的数据：员工敬业度研究、目标达成、挑战等。确定你想从团队研讨会中获取什么样的成果，你的目标是什么。

分享数据

确保每个人都能拿到数据，让每个人都觉得自己对团队的成功很重要。确认所有团队成员都能出席，因为公司的发展进步需要对的人参与进来。

选择地点

考虑是在办公场所还是在外面举办？预算是否够用？我们推荐在外面举办，因为这能让大家聚焦于研讨会要讨论的主题，而不是他们的常规性工作。比如，如果活动是在办公场所举办，大家在午饭时间就会回到自己的办公桌前，回复电子邮件，或者做一做日常工作。

沟通

向团队成员解释清楚，举办团队研讨会的目的是什么，将在什么时间以及什么地点举办，对大家有什么期待（全身心参与、开放的心态等）。

前期工作

让团队成员参与一些前期工作,其中应该包括一些反思行动,思考自身的长处和待发展领域是什么,对于当前的工作他们最享受的地方在哪里,他们对团队成功的贡献在哪里,以及类似的一些事情。当你确定了团队研讨会的目的,要仔细想想你想取得什么样的成果,然后选择对此最有价值、与此最密切相关的主题开展省思。

/在研讨会上做什么/

表 B-1 是为期两天的活动安排,能就你所关心的问题提供启示。

表 B-1 团队研讨会活动安排

内容	方式	初步的时间安排及其他需要考虑的内容
致欢迎词并对活动进行介绍	要涵盖活动的目的、目标、日程安排和期待。	20~30 分钟
介绍团队成员	大家轮流分享关于自己的其他人不了解的事情,包括兴趣、爱好等。也要问每一个团队成员,他们希望/打算从活动中得到些什么(形成对结果的责任感)。	20~40 分钟 更多信息请参阅第 1 章的解决方案。

团队痛点
构建高效协作的十大关键

续表

内容	方式	初步的时间安排及其他需要考虑的内容
对活动的原则、方针达成一致	讨论在活动中哪些行为允许,哪些不允许(如不接电话、让每个人都发言、中途休息后要按时回来、保密等)。	10~20分钟
分享和检视每个人的前期工作成果	让每个人分享他们的前期工作,加深团队成员之间的相互了解。	40~80分钟
对从大家的前期工作中分享到的内容,互相反馈	这是一个很好的方法,大家可以由此开始分享一些积极的、建设性的反馈意见。如果反馈对大家来说还是新鲜事,就要关注那些积极的方面,认可并强调大家对团队所做的有价值的贡献。	40~80分钟利用第3章的TOP反馈模型。
开始创建团队图	团队图描述了团队的目的、工作方式、期望实现的工作成果,这是团队(也可能是其发起者)在出发之前创建的路线图(或者也可以在随后有必要时创建)。要让所有人都清楚,团队要去向哪里,并在遇到困惑时为他们指明方向。创建这张图永远不会太晚。团队领导要和团队成员一起来创建这张图。如果这是群策群力的结果,大家达成了一致,并承诺为此努力,这张图就会是有效的。因为这是一个通力协作的过程,大家的接受程度和承诺的力度就会更大,团队成功的概率也更高。我们建议把下列内容包含在团队图中,其中一些可能已经包含在内了,如果是这样的话,你就需要把它指出来,确保大家形成共识: ● 团队的使命及其与组织愿景和使命的清晰联系; ● 期望和目标; ● 角色和责任; ● 需要的技能和专长(为了完成使命); ● 需要的资源(为了完成使命); ● 操作指南、行为,以及团队应该如何协作(为了完成使命); ● 签署协议。	创建团队图时,要专注于这件事,发生了其他事情也要先放一放,等以后再处理,但要定下处理时间。

续表

内容	方式	初步的时间安排及其他需要考虑的内容
解释团队图的目的	使用上面的一些描述。	10～20分钟
把团队图中的一些内容写在图板上（待研讨的内容）	全面考虑团队图中的每一点，与大家展开讨论，并达成结论和共识。	
团队的使命及其与组织愿景和使命的清晰联系	通过讨论下列问题，描述团队的使命和目的。 ● 为什么要组建这个团队？ ● 我们的目的/使命是什么？ ● 我们将应对哪些机会、挑战和问题？ ● 我们的使命如何服务于公司的整体愿景？	60～90分钟 关于团队使命的更多信息，请参阅第10章。
期望和目标	通过创建/澄清团队的目标，以及对团队成员的期望，你们进入了具体的讨论环节。要讨论下面的问题： ● 团队的具体目标是什么？ ● 如何衡量我们的成功？ ● 我们工作的客户和利益相关者有哪些？ ● 他们的需求和期望是什么？ ● 预计在前进道路上我们会遇到哪些障碍？如何克服？ ● 如何让大家确信我们有共同的责任，并让每个人都为实现这些目标负责？	60～90分钟
角色和责任	一起讨论团队中每个人的责任： ● 每个人如何为公司的总体使命做贡献？ ● 每个人的角色和关键作用是什么？ ● 为了确保有效的端对端交付，每个人应该向团队内外的其他人交付什么成果？	60～90分钟

团队痛点
构建高效协作的十大关键

续表

内容	方式	初步的时间安排及其他需要考虑的内容
需要的技能和专长（为了完成使命）	澄清团队为了实现工作目标，需要哪些技能和专长。根据团队建设的成熟度，请思考以下讨论主题： ● 回顾在前期工作中对专长问题的讨论，识别并描述出那些有助于你实现团队目标的专长。 ● 每个人都有哪些技能和专长？ ● 哪些技能和专长正在流失？ ● 他们还需要/应该接受哪些发展和培训？ 这里是否明确预算，可视需要而定（这取决于团队成员对预算是否有深刻的认识，以及是否对预算负有责任）。	60~90分钟
需要的资源（为了完成使命）	说清楚为了完成目标还需要哪些其他资源。这取决于团队的成熟度，请思考以下问题： ● 有哪些资源可用于支持他们实现目标？（如你自己、其他领导者、同事、书籍、网站等。） ● 询问团队成员是否还有没讨论到的，或者没得到满足的资源。（认真组织这类讨论，但不能狮子大开口，就此要求一些不必要的资源或者锦上添花的东西。）	30~60分钟
操作指南、行为，以及团队应该如何协作（为了完成使命）	在这个步骤，要讨论团队如何协作，可以讨论并明确划线，哪些是可以接受的，哪些是不可接受的。你想规定得多细致，完全取决于你自己和团队。要把一些内容包含在沟通中（你会如何沟通，何时沟通，采用什么样的方式，大家何时碰面，等等）。可用下面的问题来帮助讨论： ● 为了让大家愿意在这里工作，为了实现目标和目的，团队应该如何运作？ ● 我们日常彼此期待什么？ ● 我们应该承诺展现出什么样的行为？ ● 什么样的行为是不可接受的？ ● 我们如何让自己和其他人遵守这些指南？	60~120分钟

续表

内容	方式	初步的时间安排及其他需要考虑的内容
签署协议	记下所有这些协议,包括需要留待下次讨论的其他问题。	协议一般在研讨会结束时签署,此时团队图已经创建完成。
进行下面的步骤	在研讨会结束后,总结和分享后续工作,由谁负责以及何时来做,其中要包括何时再组织起来进行回顾的信息。	20~30分钟
个人承诺	在结束时,要让每位团队成员思考这两天的经历,分享他们从中学到的东西,以及未来将如何加以推进和落实(如支持我的团队成员、准时、给出有帮助作用的反馈、分享我的知识,等等)。	20~40分钟
结束语	分享你对这次研讨会的观察和看法,强调团队已经取得的进步;奖励并认可大家的贡献和参与;分享你对团队的承诺,以及自己将如何努力进步。	10~15分钟 你的承诺和信念对团队的成功很关键,要让大家看到并感受到。

/研讨会结束后应该如何做/

- 总结归纳研讨会的成果,将其放在团队图中。
- 让大家都来签署团队图,表示已经承诺和接受了这份文件。
- 确定已经把这份文件分发给大家,并且挂在了工作场所中心位置的墙上,让大家都能看到。

- 定期做以下工作：

    组织团队活动；

    开展团队建设，增进彼此了解；

    继续互相给出有帮助的反馈；

    检视团队图，以保证其切合实际。

- 当有新人进入团队，要向其简要介绍团队图（在团队其他成员的帮助下，新人可能会因其带来的价值观而激活团队图）并让其签署团队图（在充分理解的基础上）。

Authorized translation from the English language edition, entitled Leading Teams-10 Challenges & 10 Solutions, 9781292083087 by Mandy Flint, Elisabet Vinberg Hearn, Copyright © Mandy Flint and Elisabet Vinberg Hearn 2015 (print and electronic). This translation of Leading Teams-10 Challenges & 10 Solutions is published by arrangement with Pearson Education Limited.

All rights reserved. No part of this book may be reproduced or transmitted in any form or by any means, electronic or mechanical, including photocopying, recording or by any information storage retrieval system, without permission from Pearson Education.

CHINESE SIMPLIFIED language edition published by CHINA RENMIN UNIVERSITY PRESS CO., LTD., Copyright © 2021.

本书中文简体字版由培生教育出版公司授权中国人民大学出版社出版，未经出版者书面许可，不得以任何形式复制或抄袭本书的任何部分。

本书封面贴有Pearson Education（培生教育出版集团）激光防伪标签。无标签者不得销售。

图书在版编目（CIP）数据

团队痛点：构建高效协作的十大关键/（英）曼迪·弗林特，（英）伊丽莎白·温贝格·赫恩著；苑东明译.--北京：中国人民大学出版社，2021.5
ISBN 978-7-300-29185-7

Ⅰ.①团… Ⅱ.①曼…②伊…③苑… Ⅲ.①团队管理-研究 Ⅳ.①C936

中国版本图书馆CIP数据核字（2021）第055226号

团队痛点
——构建高效协作的十大关键

[英] 曼迪·弗林特
　　 伊丽莎白·温贝格·赫恩　著

苑东明　译

Tuanduitongdian

出版发行	中国人民大学出版社				
社　　址	北京中关村大街31号		邮政编码	100080	
电　　话	010-62511242（总编室）		010-62511770（质管部）		
	010-82501766（邮购部）		010-62514148（门市部）		
	010-62515195（发行公司）		010-62515275（盗版举报）		
网　　址	http://www.crup.com.cn				
经　　销	新华书店				
印　　刷	北京联兴盛业印刷股份有限公司				
规　　格	148 mm×210 mm　32开本		版　次	2021年5月第1版	
印　　张	7.75　插页2		印　次	2021年5月第1次印刷	
字　　数	143 000		定　价	55.00元	

版权所有　　侵权必究　　印装差错　　负责调换